E-Government Technology and Application

# 电子政务
## 技术与应用

王益民　编著

国家行政学院出版社

## 图书在版编目(CIP)数据

电子政务技术与应用/王益民编著. —北京:国家行政学院出版社,2013.1

ISBN 978-7-5150-0676-5

Ⅰ.①中… Ⅱ.①王… Ⅲ.①电子政务 Ⅳ.①D035.1-39

中国版本图书馆(CIP)数据核字(2013)第 024199 号

| | |
|---|---|
| 书　　名 | 电子政务技术与应用 |
| 作　　者 | 王益民　编著 |
| 责任编辑 | 陈　科 |
| 出版发行 | 国家行政学院出版社 |
| | (北京市海淀区长春桥路 6 号　100089) |
| | (010)68920640　68929037 |
| | http：//cbs.nsa.gov.cn |
| 编 辑 部 | (010)68928764 |
| 经　　销 | 新华书店 |
| 印　　刷 | 北京金秋豪印刷有限责任公司 |
| 版　　次 | 2013 年 3 月北京第 1 版 |
| 印　　次 | 2013 年 3 月北京第 1 次印刷 |
| 开　　本 | 787 毫米×1092 毫米　16 开 |
| 印　　张 | 16 |
| 字　　数 | 198 千字 |
| 书　　号 | ISBN 978-7-5150-0676-5 |
| 定　　价 | 40.00 元 |

本书如有印装质量问题,可随时调换。联系电话:(010)68929022

# 前　言

在信息化、全球化的今天,信息技术正以空前的影响力和渗透力,不可阻挡地改变着社会的经济结构、生产方式和生活方式。推行电子政务,是党中央、国务院作出的一项重大战略决策,是提高党的执政能力和政府行政能力、深化行政管理体制改革的重要举措,也是支持各级政府履行职能的有效手段。电子政务不仅是信息化的核心内容,也是信息社会的核心构成部分。政府作为经济生活和社会生活的管理者和推动者,必须积极顺应发展趋势,主动融入发展潮流,把电子政务建设和应用与政府管理创新有机地结合起来,这对加快推进改革开放和现代化建设事业,加快全面建成小康社会进程,具有十分重大的现实意义和深远的历史意义。

本书用尽量简短的篇幅,以浅显易懂的内容全方位介绍了信息技术在政府管理中的应用。内容包括网络技术、安全技术、软件开发、信息处理、云技术、物联网、政务智能等电子政务关键技术。全书共分八章,内容简述如下:

第 1 章主要从社会信息化角度对电子政务概念、电子政务与信息技术的关系以及电子政务的发展和现状进行了概括性介绍。

第 2 章首先对我国政务外网、内网和专网进行了简要介绍;然后,阐述了 TCP/IP 协议、分组交换技术等组网技术,并给出典型的网络设备和建设方案;最后介绍了移动互联网及其接入层主流技术。

第 3 章主要介绍电子政务信息资源。内容包括信息资源分类体系、信息采集技术、信息交换与共享技术等,重点对政务智能、数据仓库、数据挖掘、知识管理以及决策支持等进行了讨论。

第4章主要介绍了电子政务的应用开发技术，包括 C、C♯、Java 等程序设计语言，SSH 通用框架，应用服务器和消息中间件、工作流以及面向服务的 Web Service 等。

第5章主要介绍电子政务系统的安全体系、等级保护，以及实现安全体系和等级保护的网络安全技术。包括对称和非对称数字加密技术，数字签名与身份认证，防火墙、入侵检测、病毒防护等安全防护体系，以及网络安全态势感知的网络生态系统等。

第6章主要介绍了新技术背景条件下的电子政务，分别从云计算、物联网和移动宽带泛在通信三个方面讨论了新技术的发展潜力和创新性应用。

第7章着重介绍了电子政务工程项目建设中的项目管理、项目监理、项目评估，以及电子政务项目服务外包管理的内容。

第8章以政府门户网站、行政审批系统、办公自动化系统为案例，重点介绍了这些应用系统的需求分析、系统设计以及实施等环节，分析了信息技术的应用场景和最佳实践。

本书由王益民编著，陶勇、刘密霞、翟云、余坦分别参与了部分章节的编写工作。本书在编写过程中得到了宋彭旭、丁艺、胡红梅、魏华等的大力帮助和支持，在此一并表示感谢。

由于时间仓促，作者水平有限，书中难免会有错误和不妥之处，欢迎业界同仁批评指正。

# 目 录

## 第1章　电子政务与信息技术 ………………………………………… 1

1.1　电子政务概念 ………………………………………………… 3
1.2　电子政务技术框架 …………………………………………… 9
1.3　电子政务发展状况 …………………………………………… 11

1.3.1 发展成就 ………………………………………………… 12
1.3.2 发展趋势 ………………………………………………… 14

## 第2章 国家电子政务网络 ………………………………………… 17

2.1 我国的电子政务网络 …………………………………………… 19
    2.1.1 电子政务外网 ………………………………………… 20
    2.1.2 电子政务内网 ………………………………………… 22
    2.1.3 电子政务专网 ………………………………………… 22
2.2 TCP/IP 网络构建技术 …………………………………………… 23
    2.2.1 网络技术基础 ………………………………………… 23
    2.2.2 Internet ……………………………………………… 24
    2.2.3 网络体系结构 ………………………………………… 34
    2.2.4 分组交换技术 ………………………………………… 37
2.3 典型组网方案 …………………………………………………… 39
    2.3.1 网络设备 ……………………………………………… 39
    2.3.2 电子政务外网方案 …………………………………… 46
2.4 移动互联网 ……………………………………………………… 49
    2.4.1 移动互联网特点 ……………………………………… 50
    2.4.2 接入层建网主流技术 ………………………………… 51

## 第3章 电子政务信息资源开发利用 …………………………… 55

3.1 电子政务信息资源概述 ………………………………………… 57
3.2 政务信息资源分类架构 ………………………………………… 58

3.3 信息资源管理技术基础 ……………………………… 59
   3.3.1 政务智能 ………………………………………… 59
   3.3.2 数据仓库 ………………………………………… 61
   3.3.3 数据挖掘 ………………………………………… 63
   3.3.4 知识管理 ………………………………………… 71
   3.3.5 决策支持系统 …………………………………… 75
3.4 政务信息资源采集 …………………………………… 80
   3.4.1 采集方式 ………………………………………… 81
   3.4.2 信息采集技术 …………………………………… 82
   3.4.3 采集工具 ………………………………………… 84
   3.4.4 深网采集 ………………………………………… 84
3.5 政务信息资源的交换与共享 ………………………… 85
   3.5.1 政务信息资源目录体系 ………………………… 86
   3.5.2 政务信息资源交换体系 ………………………… 90
   3.5.3 政务信息资源共享 ……………………………… 91

## 第4章 电子政务应用系统开发 …………………………… 95

4.1 电子政务应用系统开发概述 ………………………… 97
4.2 电子政务应用系统开发技术 ………………………… 97
   4.2.1 政务系统开发常用程序设计语言 ……………… 97
   4.2.2 通用技术框架 …………………………………… 107
4.3 中间件技术 …………………………………………… 111
   4.3.1 应用服务器 ……………………………………… 111
   4.3.2 消息中间件 ……………………………………… 116

4.4 政务业务协同技术 ·················································· 117
    4.4.1 工作流技术 ················································ 117
    4.4.2 Web Service ·············································· 119

# 第5章 电子政务安全 ·················································· 121

5.1 电子政务安全概述 ·················································· 123
5.2 电子政务系统安全等级保护 ·········································· 125
    5.2.1 信息安全等级保护的相关法律和标准 ························ 125
    5.2.2 电子政务安全等级的层级划分 ······························ 127
    5.2.3 电子政务等级保护的实施过程 ······························ 128
5.3 数据加密技术 ······················································ 129
    5.3.1 对称加密技术 ·············································· 130
    5.3.2 非对称加密技术 ············································ 131
5.4 数字签名与身份认证 ················································ 132
    5.4.1 数字签名 ·················································· 132
    5.4.2 CA认证 ··················································· 134
    5.4.3 数字证书 ·················································· 135
    5.4.4 基于PKI/PMI的电子政务可信平台 ·························· 136
5.5 电子政务网络安全保障技术 ·········································· 140
    5.5.1 防火墙技术 ················································ 140
    5.5.2 防病毒技术 ················································ 144
    5.5.3 入侵检测系统 ·············································· 147
    5.5.4 虚拟专用网 ················································ 149

5.6 网络生态系统 …………………………………………… 151
　5.6.1 网络纵深防御 ……………………………………… 152
　5.6.2 网络安全态势感知 ………………………………… 153
　5.6.3 网络生态系统 ……………………………………… 155

# 第6章 技术变革中的电子政务 …………………………… 157

6.1 新技术背景下的电子政务建设 ………………………… 159
6.2 "云计算"与电子政务 ………………………………… 159
　6.2.1 "云计算" …………………………………………… 159
　6.2.2 规划建设云计算时代电子政务系统 ……………… 165
　6.2.3 建设我国电子政务云计算平台的必要性 ………… 174
　6.2.4 我国电子政务云计算平台的设计原则 …………… 175
　6.2.5 我国电子政务云计算平台系统的体系结构 ……… 176
6.3 物联网与电子政务 ……………………………………… 180
　6.3.1 物联网的概念 ……………………………………… 180
　6.3.2 电子政务中物联网应用的必要性 ………………… 182
　6.3.3 物联网对服务型政府的影响 ……………………… 182
　6.3.4 物联网关键技术 …………………………………… 183
　6.3.5 电子政务物联网总体架构设计 …………………… 186
6.4 移动电子政务 …………………………………………… 187
　6.4.1 移动电子政务的概念 ……………………………… 187
　6.4.2 移动电子政务技术发展历程 ……………………… 188
　6.4.3 移动电子政务的业务范畴 ………………………… 189
　6.4.4 移动政务的具体内容 ……………………………… 189

## 第7章 电子政务项目管理 ………………………………… 193

### 7.1 电子政务项目管理 ………………………………… 195
#### 7.1.1 软件工程 ………………………………… 196
#### 7.1.2 IT 项目管理 ………………………………… 201
#### 7.1.3 电子政务项目管理 ………………………………… 205

### 7.2 电子政务项目监理 ………………………………… 206
#### 7.2.1 软件项目监理 ………………………………… 206
#### 7.2.2 电子政务项目监理的内容 ………………………………… 207
#### 7.2.3 电子政务项目监理与审计的区别 ………………………………… 213

### 7.3 电子政务项目评估 ………………………………… 214
#### 7.3.1 电子政务项目评价指标体系设立的基本原则 ………………………………… 214
#### 7.3.2 电子政务项目评价指标体系设计思路 ………………………………… 215

### 7.4 电子政务项目服务外包管理 ………………………………… 216
#### 7.4.1 电子政务项目外包后的执行监控内容 ………………………………… 217
#### 7.4.2 我国电子政务外包模式 ………………………………… 218

## 第8章 典型电子政务应用系统 ………………………………… 221

### 8.1 政府网站 ………………………………… 223
#### 8.1.1 功能需求 ………………………………… 223
#### 8.1.2 系统设计 ………………………………… 231
#### 8.1.3 实施 ………………………………… 235

### 8.2 行政审批系统 ………………………………… 236
#### 8.2.1 功能需求 ………………………………… 237

8.2.2　设计 …………………………………………… 239
　　　8.2.3　实施 …………………………………………… 241
　8.3　办公自动化系统 …………………………………………… 242
　　　8.3.1　功能需求 ………………………………………… 242
　　　8.3.2　设计 …………………………………………… 245
　　　8.3.3　实施 …………………………………………… 246

# 第1章

# 电子政务与信息技术

以 2002 年中共中央办公厅、国务院办公厅《关于转发〈国家信息化领导小组关于我国电子政务建设指导意见〉的通知》(中办发〔2002〕17 号)为标志,中国电子政务已经经历了十年的发展历程,取得了一系列重要成果,成为政府履行职责、加强监管、社会管理和建设服务型政府的有效手段。同时,随着社会信息化程度的提高和公民意识的逐渐兴起,以移动、宽带、泛在等为代表的新型网络基础环境和云计算、物联网等新技术不断涌现,公民也愈加关注政府行为和自身利益,我国电子政务已成功跨越信息技术利用的初级阶段,进入了一个新的历史阶段。

## 1.1 电子政务概念

什么是电子政务?这是一个关乎整个电子政务理论体系的基础性问题。由于信息技术的不断发展,"电子政务"这个高度概括的概念具有时效性特征,不同的定义都是基于一定阶段的经验事实或当时的信息技术视野下提出来的,导致"电子政务"的同名异义的现象。这些差异反映了电子政务内涵的丰富性和外延的宽泛性,概念的模糊性已经成为研究和实践交流中的障碍。因而急需我们从当前技术条件下重新正确认识电子政务的概念,揭示认识误区和实践误区。

1. 信息化

信息技术(Information Technology)经历了计算机(Computer)技术、通信技术(Communication)、控制技术(Control)和传感采集技术(Collection)等技术的融合发展过程,是一个领域逐渐扩大的过程。如图 1-1 所示。

由此可知,信息技术是主要用于获取、传递、管理、处理信息所采用的

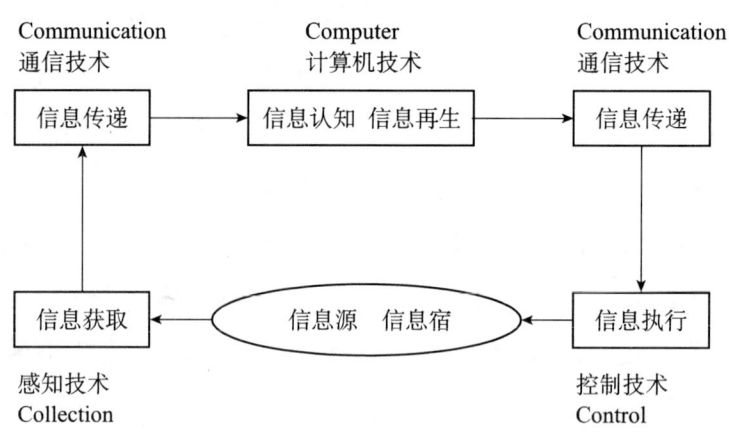

图 1-1 信息技术总览图

各种技术的总称。它主要是应用计算机科学和通信技术来设计、开发、安装和实施信息系统及应用软件。它也常被称为信息和通信技术（Information and Communications Technology，ICT）。信息技术的研究包括科学、技术、工程以及管理等学科。

信息技术是实现信息化的核心手段，"信息化"这一概念基本上是东方语言思维的产物，西方国家的文献中极少使用"信息化"之类的说法，而在许多东方国家，包括中国、日本、韩国、俄罗斯等，则大量使用"信息化"的概念，并且出现了三种不同的英译法：Informatization、Informationalization、Informationization。"化"用在名词或形容词后，表示转变成某种性质或状态，如绿化、现代化等，具有变化、使变化的含义，因而"信息化"不仅是一个过程，也应该是一个目标。信息化用作名词，通常指现代信息技术应用，特别是促成应用对象或领域（比如政府）发生转变的过程。例如，"政务信息化"不仅指在政府中应用信息技术，更重要的是深入应用信息技术所促成或能够达成的业务模式、组织架构乃至执政理念转变。"信息化"用作形容词时，常指对象或领域因信息技术的深入应用所达成的新形态或状态，是对发展状况的一种表述。例如，"信息化社会"指信息技术应用到一定程度后达成的社会形态,它包含许多只有充分应用现代信息技术才能达成的新特征。

关于信息化的表述,在中国学术界和政府内部作过较长时间的研讨。比如,有的认为,信息化就是计算机、通信和网络技术的现代化;有的认为,信息化就是从物质生产占主导地位的社会向信息产业占主导地位的社会转变的发展过程;有的认为,信息化就是从工业社会向信息社会演进的过程等。1997年召开的首届全国信息化工作会议,将信息化和国家信息化定义如下:

"信息化是指培育、发展以智能化工具为代表的新的生产力并使之造福于社会的历史过程。国家信息化就是在国家统一规划和组织下,在农业、工业、科学技术、国防及社会生活各个方面应用现代信息技术,深入开发广泛利用信息资源,加速实现国家现代化进程。"

会议进一步指明,实现信息化就要构筑和完善由六个要素构成的国家信息化体系。这六个要素是:开发利用信息资源,建设国家信息网络,推进信息技术应用,发展信息技术和产业,培育信息化人才,制定和完善信息化政策。

而根据《2006—2020国家信息化发展战略》,信息化定义有所变化:

"信息化是充分利用信息技术,开发利用信息资源,促进信息交流和知识共享,提高经济增长质量,推动经济社会发展转型的历史进程。"

相比可以看到,后者的叙述更明确地强调了"充分"应用信息技术所造成的"转型",而不是简单泛指引进、应用过程或笼统的"现代化"。由此可知,信息化是信息技术引起的,它具有很明显的信息技术的特征,它是对社会和自然的一种变革,是一种质的变化。

2. 电子政务

政务泛指关于政治方面的事务和国家的管理工作,也指公务部门(覆盖党委、人大、政府、政协、检察院、法院以及具有公共事务管理职能的事业单位等机构)依法进行的各种履职行为。因而电子政务是指全面支撑政务部门履行职责,满足公共服务、社会管理、市场监管和宏观调控各项政务目标的需要,促进行政体制改革和服务型政府、责任政府、法治政府和廉洁政府建设所实施的政务信息化。它包含了以深化应用和注重成效为主线的多方面内容:发布政府信息和服务,构建完整统一的国家电子政务网络,强化宏观经济信息、人口信息、法人信息、空间地理信息、文化信息等国家基础信息资源的开发、管理和社会化利用,完善国家网络与信息安全基础设施,加快推动保障和改善民生、维护经济社会安全、提升治国理政能力等方面的重要信息系统等。加快国家信息化建设是党中央、国务院顺应世界信息化发展趋势作出的重大战略决策,政务信息化建设是国家信息化建设的重要组成部分。在学术界,对电子政务这一概念的定义仍然没有形成统一认识,以下是几个具有权威性的定义。

世界银行在2001年的报告《电子政务与世界银行》中定义电子政务是:政府部门所拥有或管理的一套信息和通信系统,该系统被用来改变政府和公民、政府和私营机构、政府和其他部门的关系,以此扩大公民的权利,改善政府服务质量,强化政府责任,提高政府透明度,增进政府办事效率。

2003年联合国的《世界公共部门报告:处在十字路口的电子政务》认为:电子政务是指政府运用信息技术、通信技术来改变其内外关系,通过这些技术手段的运用,政府并没有改变它的功能,其合法、透明、负责的基本义务也没有发生改变,唯一改变的是提高了全社会对政府职能的期望值,使之各个方面的效能都上了一个新台阶。

经济合作与发展组织(OECD)将电子政务定义为:通过信息技术、通信技术,特别是互联网技术的采用,使之成为一种有效工具来提高政府的治理能力。

高德纳(Gartner)咨询公司认为:电子政务是通过网络化运作,以及信息和通信技术的应用来改变公共部门内部和外部的关系,以优化政府服务的传递、选民的参与以及政府的治理。

恩斯与施奈德在《资本主义的研究》里对电子政务作出了简洁的定义:用信息技术来改进政府工作效率,创造价值和建立新的政府、企业和公民之间的关系。

由上可知,实施电子政务的目的是:政府机构应用现代信息和通讯技术,将管理和服务通过网络技术进行集成,在互联网上实现政府组织结构和工作流程的优化重组,超越时间、空间与部门分隔的限制,全方位地向社会提供优质、规范、透明、符合国际水准的管理和服务。根据电子政务的服务对象来看,电子政务主要包括:政府内电子政务(G2G,是上下级政府、不同地方政府、不同政府部门之间的电子政务),政府对企业电子政务(G2B,是政府通过电子网络系统进行电子采购与招标、精简管理业务流程和提供信息服务等),政府对公民电子政务(G2C,是政府通过电子网络系统为公民提供各种服务等)。由此可知,电子政务所涉及的广泛范围,既包括政府内部的信息化,也包括政府与外部(公众、企业、其他政府机构)的相互关系,并且后者是今天电子政务发展的最主要领域。

在政府实践中,国家电子政务项目建设在政府与民众之间,致力于网络系统、信息渠道以及在线服务的建设,为民众提供获取更便捷、质量更佳、内容更多元化的服务;在政府与企业之间,致力于电子商务实践,营造安全、有序、合理的电子商务环境,引进和促进电子商务发展;在政府与政府之间,致力于政府办公系统自动化建设,促进信息互动、信息共享以及资源整合,提高行政效率。

就目前发展状况来看,我国电子政务遇到两个主要的难点:

1. 信息资源共享问题

政府各部门同构或异构平台之间的数据交换没有统一的格式,造成信息共享困难;相关技术标准的缺乏也是导致信息孤岛形成的一个重要因素。国外电子政务建设的经验表明,在信息资源的开发建设中,只有依据标准建设的数据源,才能够无障碍、不失真地进行流通、交换并跨系统共享数据。

2. 业务系统协同问题

各部门系统孤立,不能面向最终用户提供一站式服务。电子政务还没有一个完善、成熟的解决方案。

电子政务的技术特征包括数字化(简单、统一、可靠性)、网络化(资源共享、时空不限、多向互动、便于协作)、智能化、多媒化(多感官、集成性、互动性)等,而电子政务的政务特征包括分层组织的信息化再造、透明化的政务信息数据以及政务应用系统等。

我们生活在信息的海洋中,但却忍受着知识的饥渴。中国的政府管理体制与其他国家又有着很大的不同,政务信息化没有任何现成的经验、模式可以照搬,我国政务信息化建设中依然存在一些认识误区:

(1)认为政务信息化会自然而然地为我们创造未来政务的美好前景。我们必须清醒地认识到,信息技术可以被用于促进行政体制改革,也可以被用于强化传统政务模式,因为任何技术的社会作用都取决于它的使用者。我们的观点是,技术变了,理念也须相应变革。而施政方法的选择是由公务人员的理念所支配的。对于我国公务人员来说,正在面临信息化浪潮,认清体制改革的大方向,懂得如何利用信息技术来支持公共管理改革是十分必要的。

(2)认为信息化就是信息技术的采纳与应用。采用信息技术可以提高管理水平和服务质量,但信息化绝不是仅采用信息技术那么单纯。信息化是一个复杂的社会变革过程,这个过程是由信息技术引发的,它引发的不是普通的技术革新,而是一场深刻的再造与改革,既涉及技术层面,又涉及制度层面,还有心理和精神层面。如果简单理解成一场技术变革,制度上没有调整和变革,那么技术并不能发挥其重要作用,其应用必然受制度的阻碍。

(3)认为信息化是信息部门的事,其他部门不用操心,不必全体动员。信息化是一个业务优化、规范建立的过程,要改变一些传统的工作习惯,并会触及某些人或部门的切身利益,将出现意想不到的困难和压力。单独一个信息部门缺乏对单位的整体了解,难以驾御全局,不能及时做出正确的判断和决策。信息化的完成,不是局部的实现,而是整体的实现,需要各个部门、各个地区的互联互通。不能各自为战,互不相关。

(4)认为信息化是单纯的技改工程,可以通过短期突击而成功。信息化是一个循序渐进的变革过程,它具有长期性、复杂性。硬件和技术可以短时间内突破,但制度和心理观念的问题不是短期能解决的。所以,信息化建设是持久战,一步到位和一蹴而就的信息化是不切实际的。

总之,电子政务是经济与社会信息化的先决条件,是整个社会信息化的龙头。面对经济全球化和信息化的挑战,我国政府提出了"以信息化带动工业化,政府先行"的发展战略。如何加快政府现代化建设步伐,提升整个社会的信息化水平和服务水平,已成为中国政务改革最核心的内容之一。

## 1.2 电子政务技术框架

电子政务系统建设依托的信息与通信技术发展变化很快,移动互联网、云计算、物联网等对于电子政务系统建设中技术路线与服务模式的选择势必带来非常大的影响。同时电子政务发展面临统筹不足、政出多门、分散建设、低水平重复、投资浪费、应用发展水平不高等现象,面临政务信息资源开发利用严重不足、信息共享与业务协同难以推进等难题,急需从总体上进行设计与考虑,急需归纳总结实践经验,发挥有关各方的优势力量,运用技术框架这个有利的手段共同探索推动有关技术支撑与技术管理问题的解决。

结合电子政务系统工程建设实践,《电子政务标准化指南》抽象出电子政务标准技术参考模型(见图1-2)。电子政务技术参考模型由网络基础设施层、应用支撑层、应用层组成,信息安全与管理贯穿其中。

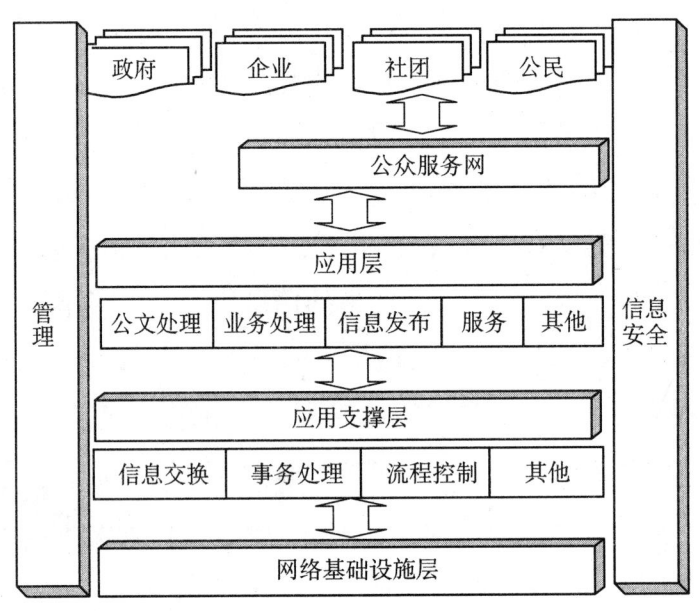

图1-2 电子政务技术参考模型

(1)网络基础设施层位于技术参考模型的底层,为各类电子政务应用提供必要的网络基础环境和有效、可靠的信息传输服务通道,是各类政务信息的最终承载者。

(2)应用支撑层为电子政务应用提供信息交换服务、事务处理服务和流程控制服务等各种通用服务,能有效地简化电子政务应用系统的设计和实现。

（3）应用层是面向最终用户，在应用支撑层上组合、构造的各种电子政务应用，主要包括各类办公自动化系统、业务处理系统、公文流转处理系统、公众服务系统以及其他政务应用系统。

（4）信息安全在各层面为电子政务提供机密性、完整性、可用性、鉴别、抗抵赖等安全服务，主要涉及安全管理、安全协议、加密、签名与认证、密钥管理、安全评测、公钥基础设施等方面。

（5）管理涉及网络基础设施、应用支撑、政务应用各层面的技术和运营管理。

## 1.3 电子政务发展状况

中国电子政务从无到有，从小到大，持续发展，成效显著。随着信息技术的植入与支撑，电子政务已成为公务机构履行职责的重要条件，各政务机构的核心业务基本上在信息系统的支撑下运行。政府网站已成为政府信息公开和网上办事的重要途径，也是实现服务的公平公正和均等化的有效举措，网上信息公开、政民互动等作为评价政府网站的重要指标，促进了政府网站效能的提升。政府监管在很大程度上通过电子政务平台来实现，政府部门对大量政务数据的采集、处理、分析等信息化手段的依赖程度越来越高，提高了态势的时效性和准确性，为宏观决策提供了科学依据。同时电子政务也促进了公众参与、网络民主和网络监督的快速发展，我国网民网络民主和网络监督的异军突起，使得近年来我国发生的一系列网络事件对政府管理产生了广泛的影响。

### 1.3.1 发展成就

电子政务战略的实施是一个复杂的系统工程,推行电子政务,有利于促进经济社会健康发展,有利于提高党的执政能力和政府的行政能力,有利于转变政府职能,有利于带动信息化建设。经过多年的建设与发展,中央和地方各级政府的电子政务水平逐步提高,发挥的作用日益显著,取得了较好的效果。

1. 电子政务政策环境不断优化

十年来,党中央、国务院高度重视电子政务发展,在顶层规划方面相继出台了《国家信息化领导小组关于我国电子政务建设指导意见》、《国家信息化领导小组关于推进国家电子政务网络建设的意见》、《2006—2020年国家信息化发展战略》、《国家电子政务总体框架》、《国家电子政务"十二五"规划》、《"十二五"国家政务信息化工程建设规划》等;同时积极推进法制化进程,相继制定了《政府信息公开条例》、《电子签名法》、《信息网络传播权保护条例》等法律文件,为电子政务的发展奠定了强有力的政策支持和法律保障。

2. 信息化基础设施建设成效显著

经过十年努力,我国政务信息化建设快速推进,电子政务网络框架基本形成,信息资源开发利用水平不断提高,技术服务与支撑能力有效增强。基础设施主要包括国家电子政务网络、政务信息资源目录体系与交换体系、信息安全基础设施三个方面。

(1)电子政务网络充分利用国家公共通信资源,形成了连接中央和地方的统一的国家电子政务传输骨干网,形成了内网、外网和专网共同构成的"三网格局"。其中,国家政务外网由中央政务外网和地方政务外网组成,政务外网广域骨干网实现了中央与32个省级单位的互联,初步具备了承载部门业务应用系统的能力;中央级别的电子政务内网网络平台也已基本建立,有三分之二的省以下的内网平台也初步具备条件,还有一系列的省级市正在抓紧建设完善内网。

(2) 政务部门逐步建设了各类政务信息资源,初步建成以人口信息资源库、法人单位信息资源库、空间地理信息资源库、宏观经济信息资源库、文化信息资源库等为核心的国家基础信息资源体系,为社会化、市场化利用政务信息资源、深化国家基础信息资源开发利用奠定了良好基础。

(3) 初步建成国家网络与信息安全基础设施。网络与信息安全保障作用明显增强;建立了较完善的政府信息系统安全管理制度规范;按照国家等级保护和涉密信息系统分级保护的有关要求,建立了较完善的等级保护工作机制,建设了较为完善的信息安全保障体系,切实提高了电子政务信息安全保障水平。

### 3. 政务门户网站建设取得实质进展

政府门户网站功能设计渐趋完善,各级政府网站成为信息公开、网上办事、便民服务、公众互动的重要渠道,公众参与度和满意度逐步提高。据中国互联网络信息中心(CNNIC)统计,截至 2012 年 6 月底,中国网民数量达到 5.38 亿,互联网普及率为 39.9%,以 gov.cn 域名结尾的政府网站 54 808 个。

### 4. 电子政务应用建设取得稳步推进

以行业为代表的"金字工程"建设取得重要突破,中央和省级政务部门主要业务电子政务覆盖率已经达到 70%。金关、金税、金盾、金审等一批国家电子政务重要业务信息系统应用进一步深化。从立项来分析,"金字工程"又可以分为三类：第一类是对加强监管、提高效率和推进公共服务起到核心作用的办公业务资源系统、宏观经济管理系统建设，第二类是增强政府收入能力、保证公共支出合理性的金税、金关、金财、金融监管、金审等业务系统建设，第三类是保障社会秩序、为国民经济和社会发展打下坚实基础的金盾、社会保障、金农、金水、金质等业务系统建设。

5. 电子政务的效果日益彰显

政府内部办公、对外管理和服务整体上对电子政务应用系统的依赖度提高，大体上90％以上的政府核心业务在信息系统的支撑下运行，离开信息系统和电子政务的支持，职责履行几乎不能实现，电子政务对于强化科学民主决策、保障政府部门高效运转、推动信息化和工业化深度融合、保障信息安全、促进经济社会发展发挥了重要作用。

我国的电子政务体系正沿着最初"两网"、"一站"、"四库"、"十二金"的设想稳步发展，"以服务为中心"的理念正深入人心，各级政务部门利用信息技术，扩大信息公开、促进信息资源共享、推进政务协同、提高行政效率、改善公共服务、促进经济增长并有效推动了行政体制变革和政府职能转变。

## 1.3.2 发展趋势

工业和信息化部杨学山副部长提出，在信息化程度不断提高、技术支撑条件不断变化和技术服务能力不断提升的新背景下，我国电子政务已从"用信息技术改善各项工作"以及"用信息技术履行职责"阶段转向"信息化环境下如何提升执政能力"的新阶段。所以我们必须适应发展的需求，企业发展已经从企业的信息化走向信息化的企业，电子政务建设必须从信息技术利用走向信息化环境下提升执政能力。因而电子政务发展需要着重考虑以下四个方面的内容：

1. 加强战略谋划、统筹规划、顶层设计、工作协调

战略谋划主要考虑电子政务怎么建、怎么发展，如何实现高质量低成本快速度，如何实现和信息产业的良性互动。没有战略谋划就做不好统筹规划。要用规划来体现谋划出来的理念、意志和方法。通过顶层设计将规划变成可实现的工程。顶层设计是具体的设计，是工程，顶层设计不是概念。简言之，我们要把谋划变成规划，规划通过顶层设计变成可实现的工程，然后通过强化工作协调机制来落实工程。

2. 重视和深化信息资源的建设、管理和使用

建设高质量政务信息资源，推进政府部门依据职能建设政务信息资源，逐步覆盖业务活动中产生和获取的各类政务信息；加强政务信息资源管理；大力推动信息共享和政务信息资源社会化利用。

3. 重视系统建设的融合、整合和综合要求

政府履职的任何一件事情都涉及到跨部门，针对政府各项事务的本质来建设针对性的业务，而不是依据部门的职责来建设分散的割裂业务，电子政务将跨越部门。我们再也不能一个部门N个系统、一个部门N个架构，不能把一个部门设计成一个封闭的系统，而要与外部协同、共享。

4. 不断探索、完善运行机制，改善绩效评估

运行机制的第一个方面是专业化和市场化外包服务，电子政务要逐渐走向专业化、市场化道路。专业化是指一些工作不能用商业行为来外包，如安全、保密问题或其他特殊原因等，需要政府机构自己通过专业化的方式进行，其他的要全面走向市场化，以此，电子政务发展过程中将充分拉动产业和技术的发展，从而提升电子政务的整体效率，并形成技术研发与应用的良性循环。电子政务发展要加强评估，重点是绩效评估，评估是引导，

也是指导。

"十二五"时期,我国改革开放继续深化,加强和改善宏观调控,保持经济平稳较快发展任务加重;保障和改善民生,推进基本公共服务均等化进程加快;加强和创新社会管理,建设资源节约型、环境友好型社会形势紧迫;加快转变政府职能,加大行政审批制度改革力度,进一步加强行政管理创新和服务型政府建设要求更高,这些都对电子政务发展提出了更新更高要求。电子政务依托的信息技术手段发生重大变革,超高速宽带网络、新一代移动通信技术、云计算、物联网等新技术、新产业、新应用不断涌现,深刻改变了电子政务发展技术环境及条件。经济社会发展需求和技术创新为国家电子政务发展提供了难得的历史机遇,必须扎实落实科学发展观,努力转变电子政务发展方式,大力推进国家电子政务健康持续发展。

此外,近几十年来信息技术的发展日新月异,新技术、新产品、新方案层出不穷,而大部分政府部门又缺乏精通信息技术的专业人员和信息系统建设的实践经验。随着电子政务建设的深入开展,系统建设规模更大、范围更广、技术更新,对工作人员的要求也从仅要求技术背景向既懂技术又懂管理的复合型人才过渡,市场化、专业化的建设模式成为电子政务建设的必经之路,因而电子政务领域蕴含商机无限,也必然起到对产业的拉动和技术创新的推动作用。

# 第 2 章

# 国家电子政务网络

电子政务公共基础设施建设，尤其是国家电子政务网络建设，在我国电子政务建设中具有基础性、全局性和战略性地位，其发展水平直接影响到我国电子政务可持续发展和国家网络空间安全。

我国电子政务网络由政务内网、政务外网和政务专网组成。统一的国家电子政务传输骨干网是由城域传输网和广域传输网构成，为政务内网和政务外网提供专用传输的网络；政务内网和政务外网都是电子政务的业务网络，政务内网与政务外网、互联网之间不连接，政务外网与互联网安全连接。

## 2.1 我国的电子政务网络

电子政务对安全的特殊需求实际上就是要合理地解决网络开放性与安全性之间的矛盾。Internet 的开放性决定了 Internet 是一个松耦合的系统，是一个具有公用性质的系统，因而网络安全问题也自然成为一个受关注的问题，网络安全的基本思路一般是把被保护的网络从开放、无边界、自由的环境中独立出来，使网络成为可控制、管理的内部系统，如物理隔离、网闸等。

典型的电子政务网络架构由传输骨干网和业务网两部分构成，其中传输骨干网包括城域网和广域网等；业务网则主要由内网、外网和专网这三部分组成。

政务外网是指政府的业务专网，主要运行政务部门面向社会的专业性服务业务和不需要在内网上运行的业务。因此，政务外网不能处理、存储国家秘密信息，是非涉密网络。

政务内网则是涉密网络，主要运行国家秘密和工作秘密信息，主要是副省级以上政府部门的办公网,要按照涉密网的建设要求,采取相应的安全保密措施。政务内网的主体包括党委、人大、政府、政协、法院和检察院等六大系统业务网络及其顶层互联的网络,该网络将以传输和承载涉密业务和敏感度高的内部信息为主。

政务内网和政务外网之间物理隔离,政务外网与互联网之间逻辑隔离。相关的指导性文件包括中办发[2006]18号《国家信息化领导小组关于推进国家电子政务网络建设的意见》、国信[2006]2号文件《国家电子政务总体框架》、中办发[2002]17号文件《国家信息化领导小组关于我国电子政务建设指导意见》等。在实施过程中采用了中央和地方分级建设的模式,由于对电子政务网络的认识存在误区,当前存在多个网络(保密网、内网、外网、专网、因特网、应急网)并存的状况,概念的模糊性和主观认识的多样性影响了我国电子政务网络的发展环境。

### 2.1.1 电子政务外网

2002年出台了《关于我国电子政务建设指导意见》。《意见》提出要"建设和整合统一的电子政务网络","电子政务网络由政务内网和政务外网构成,两网之间物理隔离,政务外网与互联网之间逻辑隔离",并明确提出建设国家政务外网。

国家政务外网总体建设目标是依托统一的国家公用通信传输网络,整合建设政务外网,通过覆盖全国各级政务部门的网络平台和服务体系,支持电子政务业务系统的运行,支持跨部门、跨地区的信息资源共享,支持电子政务业务系统的互联互通和信息交换,促进政府监管能力和服务水平的提高。从2002年底开始,国家信息中心就开始积极筹划国家政务外网的立项和申请工作,2004年9月30日,国家发展和改革委员会发出《国家发展改革委关于国家政务外网（一期工程）项目建议书的批复》（发改高技[2004]2135号）文件，正式批复项目立项，明确了外网一期工程项目的建设目标、建设内容。随后，又对可行性研究报告和初步设计进行了批复，政务外网进入了正式建设阶段。

国家政务外网项目从2005年开始了一系列招投标工作，截至2006年底，网络系统的主体工程基本完成，并于2007年通过了初步验收，初步具备了承载部门业务应用系统的能力。

国家政务外网由中央政务外网和地方政务外网组成，政务外网广域骨干网用于构建政务外网宽带骨干网，实现中央与32个省级单位的互联；中央城域网主要用于实现中央政府各部门的互联，支持相关政府部门的专网接入；省市政务外网则按照统一标准规范，由各地根据需要逐步推进。

国家政务外网通过租用电信运营商的基础传输线路，采取IPv4技术构建。在北京，租用裸光纤和MSTP线路，组建了中央城域网；广域网则利用IP over SDH技术构建，采用双星结构连接全国32个省级（含新疆生产建设兵团）单位，国家政务外网建有统一的互联网出口。各级地方政府也在积极推进当地政务网络的建设。但由于我国幅员辽阔，经济发展情况各异，因而地方政务外网的建设情况差异较大，北京、上海、黑龙江、江西、广东、安徽、浙江等地已经率先建成了电子政务省域网、城域网，覆盖范围较为全面，而部分省市的政务外网尚处在规划期和积极建设期。

外网的平台已经初步建立，外网的应用逐步加强。到目前为止，三十多个部委的应用系统已经在向外网平台上迁移，电子政务安全服务也在不断增强，管理也在加强完善。国家电子政务外网平台的互联互通，为各级政务部门履行职能提供服务，为面向公众、服务民生的业务应用系统以及国家基础信息资源的开放共存提供信息支持。

## 2.1.2 电子政务内网

国家电子政务内网平台主要用于承载各级政务部门的内部办公、管理、协调、监督和决策等业务信息系统。电子政务内网同样也发展很快,中央级别的网络平台基本建立。有关部门的业务系统正在连接牵引,有47个党政机关部门、党政机关办公厅服务部对接。大概有三分之二的省以下的内网平台也初步具备条件,还有一系列的省级市正在抓紧建设完善内网,特别是国家对内网建设和管理规划下发以后,内网各个层次都在大力发展,最终为打造机关的综合管理、办公应用、决策服务发挥了很好的效力。

内网建设顺利推进和可持续发展的关键在于防止扩大化。须谨防以下几个范围的扩大化:内网接入与互联的范围、内网传输信息内容的范围、内网承载业务应用的范围、内网接入用户的范围、内网接入用户的访问权限、内网承载信息的共享范围等。

内网最大的一个特点是物理隔离。然而物理隔离的边界通过很多途径事实上已被突破。这些突破源头归结起来有三个,即泄密三元凶的介质、端机和网络。同时,互联网也包括大量与政府系统的违规接口。因而,需认真落实"涉密内网"的六大要素。这六大要素是针对保障涉密信息及其服务具有的六个属性,即保密性、完整性、可用性、真实性、可核查性和可控性。

## 2.1.3 电子政务专网

电子政务专网是在内网建设的基础上,通过上下左右互联而成的政府机关办公业务资源网。根据机构职能,专网在业务范围内与内网有条件互联,并以之为基础建立无纸化办公平台,以及实现政府涉密信息共享,是由多个局域网组成的广域网。目前建设的政府办公业务资源网和其他部门专网(如金财、金税、金盾等)都属于这一范畴。但通常的看法上政务专网主要是指政府办公业务资源网。

国内政务专网一般采用 ATM、SDH 或基于 SDH 的 MSTP 专线组网,基于专线组网的优点是网络可靠性高,网络带宽稳定,基于电路交换的 SDH 网络不存在 QoS 问题。但是政务网建网成本高,且带宽有限,平均 2M 带宽的网络建设成本是基于以太网的 IP 网络建设成本的 5 倍以上,因此城域政务网建设方案正在发生变化,国内不少城市已建成了基于 MPLS VPN 的政务专网。

## 2.2 TCP/IP 网络构建技术

### 2.2.1 网络技术基础

信鸽——烽火——驿站——电报——电话——互联网——……

从上述概念的共性可知,互联网是人类通信手段的延伸。网络是信息交换的基础设施(俗称"信息高速公路"),网络提供的功能是信息传递。信息具有无限复制的特性,而计算机网络的产生是为这种复制提供便捷的途径。要言之,信息交换与资源共享是计算机网络发展的内在动力和根源,此处的资源不局限于内容资源,还包括计算设备的计算资源,如存储能力、计算能力等。因而在有些文献中将计算机网络划分为通信子网与资源子网两部分,通信子网是由各种交换设备组成的网络核心交换网络,资源子网则是各类终端构成的边缘设备与应用等。

网络是指将一系列个体单元以一定关系连接在一起所组成的系统。单元可看成是点,连接关系可看是线,网络则是点、线构成的一个连接图,从而表示研究诸对象及其相互联系。点如果是人,则可构成人际网络,点如果是区域,线是道路,则对应交通网络等,同样的称呼还有人脉网络、邮政网络等等。诚然,所谓计算机网络简单说就是将计算机互联起来的一个集合,因而计算机网络包括计算机、链路和协议三个要素。计算机和通信链路都有相应学科进行研究,在计算机网络中并不讨论计算机组成、计算机体系结构、通信介质物理特征等内容,学习计算机网络重点在于讨论通信协议及协议背后的原理等。

我们很难想象两个不同语种的人能有效沟通,语言是通信实体间交互的前提和基础。计算机网络中作为通信实体的计算机间要能通信,共同的词汇平台或者说语言当然必不可少。作为一个符号系统的语言至少包括语法、语义和语用三个方面。语法比较容易理解,即定义符号系统中的合法符号以及符号的合法组合等,我们从小要学习很多的汉语的语法,如合法符号(字)、符号间的组合规则(词、句),因而动宾结构、主谓结构等规则构成我们的语言约束;语义表示了符号代表的含义,如"我"这个符号代表了通信实体本身等;语用则表示语言使用过程中我们所产生的相应的动作。通信协议就是计算机间的语言,因而协议就是一些规则,规定了通信实体间收发消息的格式和顺序以及收到或发送消息所应产生的动作。

### 2.2.2 Internet

计算机网络是自治计算机的互联,而因特网是其典型的代表,是最成功也是影响最大的计算机网络。我们将以 Internet 作为研究对象,讨论计算机网络的通信协议及背后的原理。那么什么是因特网呢?

## 1. 因特网是一个覆盖全球的网络

因特网发展迅速,地域覆盖范围广。威斯康星大学教授 Larry Landweber 制作并发布了 Internet 在六年间(1991—1997)共十二幅连接演变图,为我们提供了一个有用且有趣的 Internet 可视化蔓延图景,我们从中选取了 1991 年和 1997 年两幅,如图 2-1、图 2-2 所示。由图可知,截至 1997 年因特网已覆盖除朝鲜、缅甸、阿富汗、伊朗、伊拉克、利比亚、索马里等少数区域以外的所有国家,成为名副其实的国际互联网。作为信息社会的基础设施,Internet 直接反映了国家的科技水平和综合国力。

另外随着国际互联网的成熟及广泛应用,把信息技术与通信技术(ICT)的成果联系并汇集起来,使信息的全球性即时共享成为可能,从而在世界范围内出现了从工业社会到信息社会转型的大趋势。全球性互联网的出现,彻底改变了人类社会获取、处理与利用信息的方式和效率,并由此

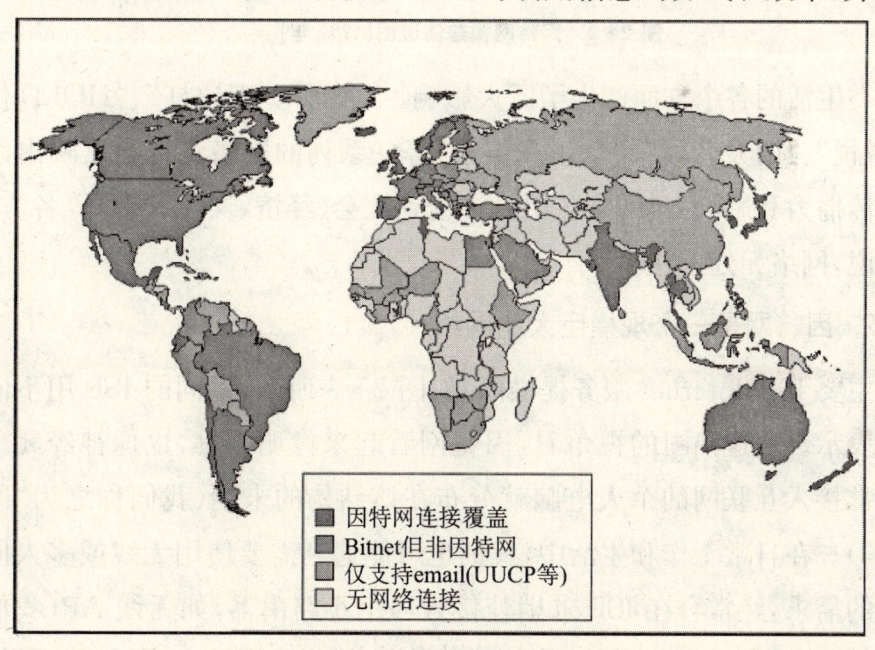

图 2-1 因特网覆盖演进图(1991 年)

图 2-2 因特网覆盖演进图(1997 年)

对人类生活的各个方面产生了巨大影响。"表哥"、"五道杠"、"HOLD 住"、"小悦悦"、"四大名爹"、"反正我信了"等一系列的网络流行语反映出因特网的传播力和影响力,网络应用已渗透到社会、经济、文化、国防等各方面,可以说,网络无处不在。

2. 因特网是一个规模巨大的网络

主要 ISP(Internet 服务提供商)如图 2-3 所示,不同的 ISP 用不同的颜色表示。从这幅图的视角看,因特网看起来像珊瑚礁,也像神经元。我们日常接入互联网的个人电脑就分布在该结构的末梢(我们称之为"网络边缘")。在日常工作和生活中,我们也可能遇到需要使用无线或多人同时接入的需求,经常会在 ISP 末梢处接入一个小路由器,如无线 AP(我们称之为"交换设备",所有路由器、交换机等交换设备的集合称之为"网络核心"),实现对网络的扩充,所以我们通常将网络核心形象地画作一个云,如

图 2-4 所示。

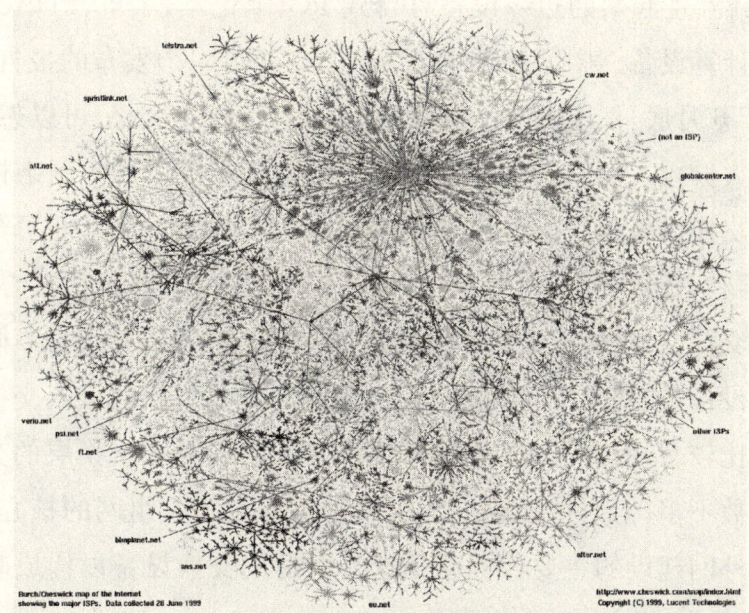

图 2-3　因特网 ISP 连接示意图

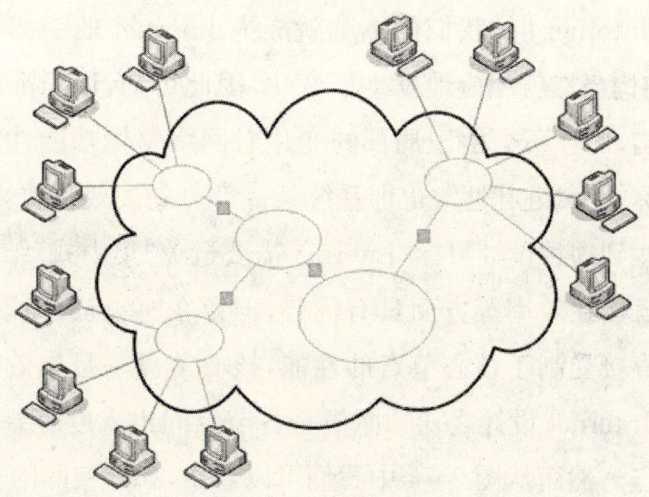

图 2-4　因特网云图

Internet规模巨大主要表现为Internet设备类型众多,数量以亿计。被Internet互连起来的边缘设备有台式PC、笔记本、手机、PDA、服务器、工作站等计算设备。中国互联网络信息中心(CNNIC)发布的报告显示,截至2012年6月底,仅中国网民的数量就已达到了5.38亿,可以想象,满足如此庞大人群接入网络的边缘设备的数量是极其庞大的。网络核心中的路由器等交换设施承担接收并转发消息的通信功能,网络核心可分为接入层、汇聚层和骨干层等。一个单位典型的接入网络主要包括核心交换层、区域汇聚交换层、楼栋汇聚层、终端用户接入层等,各层分别由不同性能需求的交换设备,如交换机、路由器等互连而成,如每层楼的接入交换机要求的接口数比较多,而对通信性能要求不高;相对的,核心交换层的交换机要求的接口数不多,但对性能要求却很高。这些设备是组网的核心部件,电子政务内外网建设的主要任务就是选择合适的交换设备以构成政务网络的"网络核心"。

接入或者从网络中断开的动作,其实都在扩展或者说改变Internet。当我们接入Internet时,我们的电脑就成为Internet的一部分,而断网时Internet的结构当然就相应地发生了变化,因此可知,Internet是一个松散的自增长结构,而且不会由于局部的变化对网络整体功能性产生影响,这种特点我们称之为"健壮性",也即系统某一部分的失效不致影响整个系统的功能。为达到这种设计目标,Internet需要避免"集中式"结构方案,因为集中式方案虽然在效率等方面具有优势,但存在"单点故障"等缺点,整个系统的性能直接受制于核心节点的性能,核心节点一旦失效,整个网络将崩溃。因此Internet设计之初的愿望是各节点间出入度等差异性不大,不存在核心节点。然而从图2-4中我们可以看出,如今实际的Internet和设计预期是有区别的,Internet中确实存在了一些关键节点。因而,如今的Internet并不如我们看起来那么美好,存在着各种各样的问题,为此各国分别启动了 NGI(下一代互联网)、甚至于 NGN(下一代网络)等的研究和实践。

3. 因特网是一个开放的分布式系统

所谓"分布式(Distributed system)"是相对于"集中式"而讲的,简单地讲就是地理位置是分散分布,可有效提高系统的可靠性、可用性和扩展性等。"开放(Open)"多表示敞开、接纳、允许入内等含义,如某某设施或某区域对公众开放。因特网的开放性意味着各种计算设备或应用可以方便地以各种不同的方式加入该系统,我们需要特别注意的是开放的前提是标准化。我们买回来各种电器,插上电源即可工作,插座插头的物理尺寸、额定电压等的标准化方便我们接入电网使用电能成为可能。同样道理,我们的计算设备在不同区域以不同方式可方便接入互联网的原因也是标准化。互联网的标准就是协议,我们的计算设备由于遵守了相应的 TCP/IP 协议,所以我们才能接入互联网。

像 Window XP、Win 7 等操作系统已默认将 TCP/IP 等协议预装,我们可以在网络属性中查阅、安装、卸载相关组件,如图 2-5 所示。

同时,因特网的开放性的特征也为我们考量各种安全防护措施的有效性提供了一个视角,比如花费了巨大代价的物理隔离网络是否由于 Internet 的开放性而过于容易攻破? 因为全网范围内任一接口的外连都可能导致隔离的整体失效。这些问题的思考与决策都需要我们具有网络等相关专业知识,专业知识是避免决策随意性的技术保障。子曰:智者不惑。智者不仅是有智谋的人,还泛指聪明并具有某种知识技能的人。

Internet 标准的发布机构主要有 IETF(Internet 工程任务组)和 W3C(万维网协会)等。IETF 又叫互联网工程任务组,成立于 1985 年底,是全球互联网最具权威的技术标准化组织,主要任务是负责互联网相关技术规范的研发和制定,当前绝大多数国际互联网技术标准出自 IETF。IETF 产

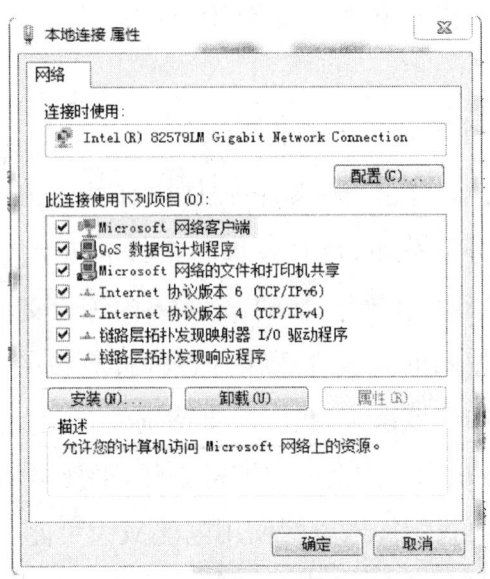

图 2-5　连接属性图示

生两种文件,一个叫做 Internet Draft,即"互联网草案",第二个叫 RFC（Request For Comments）。互联网草案任何人都可以提交,没有任何特殊限制。RFC 则更为正式,我们通常称之为标准或规范。RFC 的名字原来是叫意见征求书或请求注解文件,其实就是欢迎多提宝贵意见的意思,没有了传统标准咄咄逼人的强制性和技术傲慢,也从一定程度上体现了"开放"的精神。Internet 有两个价值取向,一个是"共享",另一个是"开放"。

4. 因特网是一个可扩展的连接系统

连接性是网络最核心的设计目标,连接的方式可分为直接相连和间接相连两种。直接相连就是使用链路直接将两个节点连接起来,如图 2-6 所示。

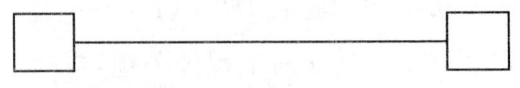

图 2-6　节点直连图

多个节点的直接连接即是全连接的网状结构,每一个节点和网中其他节点均有链路连接,如图 2-7 所示。图 2-7 中有六个设备,在全互连情况下,需要 15 条传输线路。如果要连的设备有 n 个,所需线路将达到 n(n-1)/2 个。显而易见,这种方式只有在涉及地理范围不大、设备数很少的条件下才有使用的可能,而且我们也不会希望我们的电脑后面连接多条网线,因而这种全连接方式在实际组网过程中不具有可操作性。

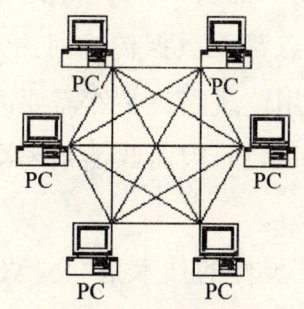

图 2-7 节点全连接图

我们进一步对连接进行优化,为了降低全连接的成本,我们利用共享策略,让多个节点间通过共享链路实现全连接,如图 2-8 所示:左图为总线结构,右图为星型结构。节点间仍是直接连接,但所需要的传输线路就只有一个了,所有节点都连接至公共传输线路上。

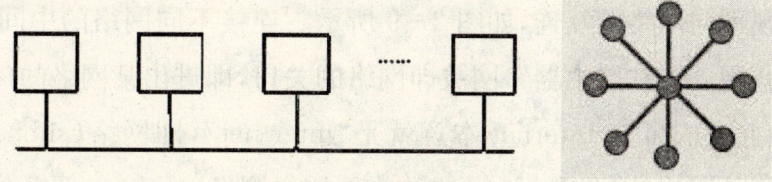

图 2-8 共享连接图

上述直连的方式对于地理范围不大的区域连网是合适的,因而成为 LAN(局域网)的连接方案(如 IEEE 802.5 等)。但此种连接方式的最大缺点是缺乏"可扩展性(Scalable)"。Internet 的可扩展性代表了一种适应规模变化的弹性能力,随着规模的不断扩大,系统整体性能不能显著下降,而成本也不能迅速扩张。可扩展性可理解成"可扩充性",表现为新节点能够被添加到一个连接系统中,而且不会影响到系统的其他部分。总线型和星型结构中节点的数量都不能无限扩充,原因首先在于信号在传输过程中的损耗,总线的有效传输距离有限;其次则在于"共享"所带来的冲突问题,复用的线路同一时刻只能被一个节点使用(准确地说是收、发一对节点),一个节点在其他节点都无数据传输时占用线路不会出现问题,而如果有两个节点同时要使用该线路就必然需要冲突协调机制。随着节点数量的增加,冲突的概率也增加,因而此类系统存在节点最大连接数量的问题。

Internet 提供连接可扩展性的技术是"交换(Switch)",节点连接至中间节点,中间节点可级联,从而形成节点间通过中间节点进行连接的"间连"方式。中间节点被称为交换节点(Switches),交换节点一般有多个入链路和多个出链路,其功能即是把入链路接收的信息从适当的出链路转发出去。该类设备的本质是实现了一条入链路与其他所有出链路的连接性。交换的具体内容我们将在 2.2.4 中介绍。

由于交换设备不仅可以节点互连,还可通过连接一个网络的交换设备,实现不同网络的互连,如图 2-9 所示。连接不同网络的中间节点一般称之为"网关"或"路由器",网关即网络的关口,即进出某网络的门关之意。

由此我们可知 Internet 本意就是"inter-net",即网络(subnet,也称之为子网)的互连,因此 Internet 被称为万网之网(Net of nets),Internet 的设计目标即是不同网络的互连,TCP/IP 协议栈中的简单的 IP 协议就是网络互连协议,TCP/IP 协议的沙漏型结构也被称为"窈窕的细腰淑女",如图 2-10 所示。

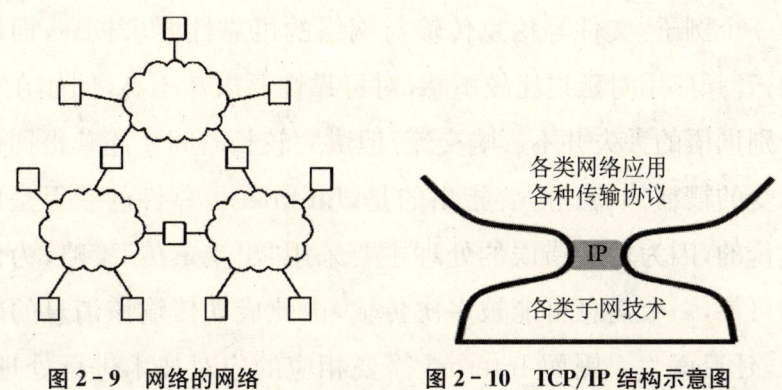

图 2-9 网络的网络　　　图 2-10 TCP/IP 结构示意图

上面是为了描述的方便我们引入了很多的点线所构成的网络图例,这些图例被称为描述网络结构的拓扑图(topology)。所谓网络拓扑图是指引用拓扑学中研究与大小、形状无关的点线关系的方法,把网络中的计算机和通信设备抽象为一个点,把传输介质抽象为一条线,由点和线组成的几何图形就是计算机网络的拓扑结构。我们可以简单地理解网络拓扑图即是反映网中各实体结构关系的点线连接图。

5. 因特网是一个异质互连网络

作为万网之网的 Internet 互连的 subnet 类型多样,子网的构造技术也不同,我们称为异质网络(heterogeneous subnets)。举例来说,subnet 可能包括基于有线的以太网、基于无线的局域网、拨号网络等。

Internet 要实现不同类型网络的互连需要解决两个问题:第一个是能寻址,也即通信节点必须有一个唯一标识;第二个是消息可经由动态路由形式从源端到达目的端。因而可以理解异质互连(网络层 IP 协议)必需的两个基本功能:全局唯一的 IP 地址和路由。

除上述五种特性外,因特网还是一个具有复杂性、通用性、公用性等特征的网络。复杂性不言而喻了,通用性意味着 Internet 可支持各种类型的应用,而这些应用对网络提供的通信服务的要求是不同的,甚至是矛盾的。

我们来看一个例子：文件等信息传输对网络的可靠性要求较高，而对延迟则不敏感；音频应用对延迟比较敏感，对可靠性要求却不高，例如在交互过程中有个别词语的丢失并不影响交流，但讲完较长时间才能获得回应是大家不能忍受的糟糕体验。需要指出的是，Internet 可靠性的获得是以牺牲时间为代价的，因为对于错误的处理主要采用"出错重传"策略，为保证消息传输的可靠，一个消息可能被多次传输，由此成功传输该消息的时间就会比较长，延迟就大。因而 Internet 需要相应的应对技术进行处理，传输层的 TCP 和 UDP 双传输协议应运而生，TCP 提供一对一、可靠的、面向连接的、全双工的、具有流量控制和拥塞控制的端对端传输服务；而 UDP 仅提供端到端的数据报服务。Internet 的公用性体现为 Internet 不属于某个机构私有私用，中国公用计算机互联网（ChinaNet）是中国最大的 Internet 服务提供商，是 Internet 在中国的一部分。ChinaNet 就使用了"公用"的字眼。

### 2.2.3 网络体系结构

由上节可知，Internet 是一个开放复杂的巨系统，这样的一个系统了解它、认识它、描述它甚至定义它都尚且如此困难，如何设计、运行和管理它呢？我们处理复杂问题的基本思路是"分而治之"，而西方处理困难问题的 Gold Rule 就是 Divide and Conquer，英雄所见略同！科学分解的方法包括抽象、封装、信息隐藏、强内聚低耦合等技术的综合应用，因而产生了分层的思想。分层原理类似于人类社会组织的层级结构，基本原则是每层负责实现特定服务，上层调用下层的服务，下层为上层提供服务，不允许跨层调用。

把分层思想应用于 Internet 的功能分解中，便可用于描述计算机网络体系结构。计算机网络体系结构是对计算机网络及其部件所完成功能的比较精确的定义,即层和协议的集合。要分解网络的功能,首先需要明确网络的功能。网络是人类通信的延伸,网络功能的抽象是通信。

接下来就是如何对地理和位置不同的计算机用户之间提供访问通路的通信基础设施进行抽象封装。封装的过程可大致划分为应用服务和通信服务相分离以及直接相邻通信服务与间接相连通信服务相分离两部分,如图2-11所示。

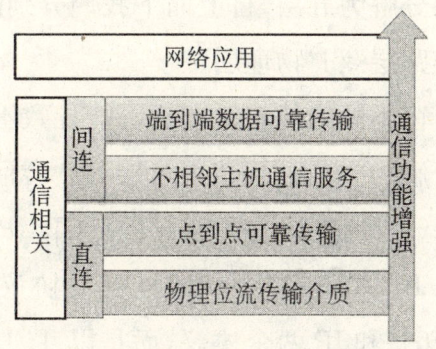

图2-11 因特网体系结构分解图

首先,不同的分布式应用,虽然其业务功能千差万别,但其所需要的通信服务总的来说都是要将消息从一端传送到另一端,因而我们可以将具有共性的通信服务相关内容抽取出来,形成"网络应用"和"通信相关"两部分。

接下来,我们会发现通信服务还没有足够简单,我们需要继续分解,以将通信功能转化为若干较小的局部问题,而这些较小的局部问题就比较易于研究和处理。因而我们第一步把通信划分为"直连"通信和经由直连构成的"间连"通信两部分,每部分又分别由基础服务层和功能增强层共同构成,如直连层的基础服务是提供位流传输的基本条件,信号可以通过电平等形式实现点到点(Link)的数据传输,但在传输的过程中可能由于外部环境等因素导致数据丢失等不可靠问题,因而需要进行功能增强,通过差错控制等手段实现点到点的可靠传输;间接通信的两个端节点的基本服务是寻址与路由(Path)等,但假设构成整个路由的每个 Link 都是可靠的,是否整个路由就是可靠的呢？答案是不能保证,原因在于中间节点使用"存储转发"的交换技术,因而节点可能完整接收一个消息后未能及时传送出去或缓冲区满,从而导致丢包,自适应路由机制则带来了乱序等不可靠问题,因而不相邻主机间的通信服务也需要进行功能增强。

此时我们把网络分解为五层,自上而下我们分别称之为"应用层"、"传输层"、"网络层"、"链路层"和"物理层"。

当然,既然是分解,不同的技术诉求下可能导致不同的分解方法。如,有人就把应用层又分解为"应用层"、"表示层"和"会话层"。网络体系结构具有不唯一性,比较著名的就是上述五层的 TCP/IP 协议和七层的 ISO/OSI 协议,其中 TCP/IP 协议是 Internet 的支撑协议。也就是说 TCP/IP 协议并不仅仅只有 TCP 和 IP 两个协议,而是以 TCP 和 IP 两个协议为代表的一系列构成互联网基础的网络协议。

另外,还有两个问题值得讨论:①分层是不是越多越好？也就是说分层是不是只有好处没有坏处？想象一下社会组织中的扁平化的优势,我们就能明白分层的成本了,分层带来的最大问题是效率,因为内部的通信、协调也是需要资源的,因而分层不是越多越好,而是适度。②分解原理告诉我们,研究对象本身并没有分割,只是由于人类认识的需要和智力的局限性才把事物分解开来,从而形成了不同的学科不同的专业知识,在专业化的同时,我们时刻要明白这种分解可能随着我们认识的不断深化而逐渐显现出不合理性,因此才有学科交叉、学科融合等现象出现。故而我们在学习、研究过程中倘若自我设限、固步自封,以学科门户之见排斥其他知识则实为不智之举。

## 2.2.4 分组交换技术

21世纪的一个重要特征就是数字化、网络化和信息化。网络现已成为信息社会的命脉和发展知识经济的重要基础。通常所指的"三网合一"中的"三网"即电信网络、有线电视网络和Internet网络。它们所使用的交换技术分为两大类：线路交换和分组交换，如图2-12。电信网络和有线电视网络采用的是连接的线路交换，基本原理是"预约独占"。数据在传输前需进行链路等资源的预留，该过程称为请求连接，如我们打电话前拨号并听到对方振铃的过程；请求时若资源已被占用，则该次请求会被拒绝，如打电话时有时会听到的对方占线等；连接建立起来后开始进行数据传输，在传输过程中其他节点不能抢占已被使用的资源；数据传输完成后断开连接并释放资源。

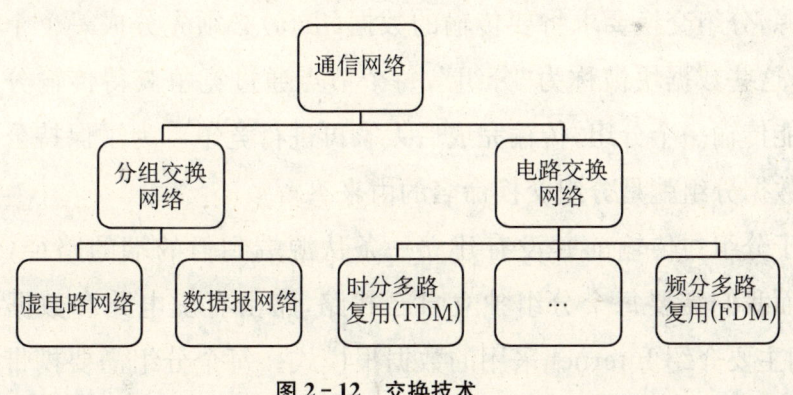

图2-12 交换技术

在构造Internet时，线路交换已成功应用于电信网络中，为什么不直接采用之，而需要重新提出新的交换技术——分组交换呢？这就需要我们考察一下网络承载的业务数据特性了。传统的电话通信的语音流量具有稳定、连续的特点，一旦连接建立后，数据源源不断地通过网络进行传输，我们拨通电话却不传话的情况在正常情况下不会发生。而 Internet 的流量却具有突发、随机的特点，设想我们在浏览网页查看新闻的场景，我们点击打开一个感兴趣的内容，网络上仅在我们点击后打开新网页的那一刻有数据传输，网页打开后内容已传送到本地，在我们饶有兴趣地阅读内容的下一次点击前，我们的线路上是没有流量的，至于什么时候才会点击只有天知道，不具有确定性。

如果我们使用线路交换搭建 Internet 会产生什么问题呢？链路资源被我们申请占有，但是我们却不常用，大量的时间处于空闲状态，造成资源浪费。为了提高资源利用率，我们就需要打破"预约独占"的资源使用方式，相应地分组交换使用"按需共享"机制。多个节点共享使用所有的资源，前面我们提到过，共享需要面对的问题是"冲突"，而解决冲突的首要原则是"公平性"，也就是说需要保证大家使用资源的机会是均等的，资源不能被特定节点长期占用，即资源释放机制。为了避免某个节点持续使用链路等资源，分组交换要求将要传输的数据（data）必须先分成一个个较小的数据块，这些数据块被称为"分组"，每个节点通过竞争获得传输分组的机会后只能传输一个分组，传输完成后大家再进行竞争。为了保持公平性而进行的数据分组就是分组交换命名的由来。

由于分组在传输前并没有建立一条从源端到目的端的路径（连接建立），因而我们需要每个分组独立自己找路，路由有虚电路和数据报等技术，我们主要介绍 Internet 采用的数据报模式。每个分组需要携带一个表示目的地的层次地址，然后采取逐步逼近的方法到达目的地。例如，湖南的 A 现在需要到"北京国家行政学院欣正大厦 801"找一个朋友 C，假设 A 原来没去过北京，也就是说 A 在出发前并不知道到达目的地的具体路径，但我们相信他拿着这个地址最终会顺利到达目的地。怎么做呢？A 可能先到火车站买去北京的火车票（注意，A 提取了地址信息中的部分信息），到达北京后乘坐的士并告知国家行政学院,到达行政学院后通过询问找到欣正大厦,然后自己坐电梯到八楼,朋友终于见面,热泪盈眶。假设在 A 去找 C 的同时,A 同地的 B 也去找 C,结果 B 到火车站发现没票了,B 只好选择飞机或其他交通工具,到达北京后 B 选择了地铁转公交的方式到达目的地,最终也见到了 C。上述场景中源端发送到目的端的不同分组(A 和 B)在传输的过程中会根据网络的状况动态选路,这种机制称为自适应路由。自适应路由机制使得不同分组所经历的路径是不同的,因而不同分组到达目的地的延迟也不同,这种延迟间的变化,我们称为抖动。抖动是 Internet 的路由技术决定的;相对地,线路交换的延迟是恒定的。

由于中间节点需要借助于地址信息才能决定将分组转发到何处,为从分组中取出地址信息,中间节点需要先把整个分组完整接收下来,因而中间节点需要存放接收信息的缓冲区,这种机制被称为"存储-转发"。

总的来说,分组交换有如下几个要素:数据分组、自适应路由和存储-转发。

## 2.3 典型组网方案

### 2.3.1 网络设备

**1. 传输介质**

网络传输介质是指在网络中传输信息的载体,常用的传输介质分为有线传输介质和无线传输介质两大类。有线传输介质是指在两个通信设备之间实现的物理连接部分,它能将信号从一方传输到另一方,主要有双绞线、同轴电缆和光纤等。双绞线和同轴电缆传输电信号,光纤传输光信号。无线传输介质指我们周围的自由空间,我们利用无线电波在自由空间的传播可以实现多种无线通信。在自由空间传输的电磁波根据频谱可将其分为无线电波、微波、红外线、激光等,信息被加载在电磁波上进行传输。

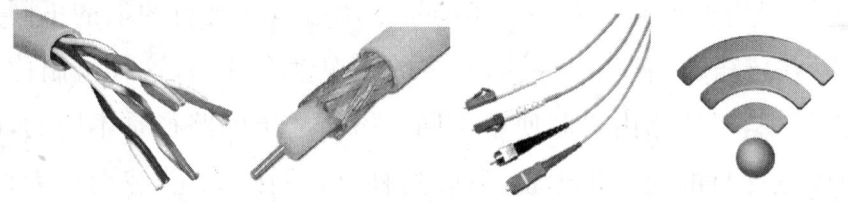

图2-13 常用传输介质图例

把两根绝缘的铜导线按一定规格互相绞在一起,可降低信号干扰的程度,每一根导线在传输中辐射的电波会被另一根线上发出的电波抵消。其中外皮所包的导线两两相绞,形成双绞线对,因而得名双绞线。屏蔽双绞线(STP)于线外有金属网以屏蔽电磁干扰,非屏蔽双绞线(UTP)则无屏蔽金属网。EIA/TIA为双绞线电缆定义了五种不同质量的型号,其中五类(CAT-5)电缆增加了绕线密度,外套一种高质量的绝缘材料,传输频率为100MHz,用于语音传输和最高传输速率为100Mbps的数据传输,主要用于100BASE-T和10BASE-T网络,这是最常用的以太网电缆;超五类衰减小、串扰少,并且具有更高的衰减与串扰的比值和信噪比、更小的时延误差。

同轴电缆(coaxial cable)是一种电线及信号传输线,一般是由四层物料造成,最内层是一条导电铜线,线的外面有一层绝缘体围拢,绝缘体外面又有一层薄的网状导电体,最外层是绝缘物料作为外皮。长距离的同轴电缆常用在电台或电视台的网络上作为电视信号线。即使有光纤、T1/E1、人造卫星等取代方案,但由于同轴电缆相对便宜,也早已铺设好,因而沿用至今。内外导体之间根据绝缘介质不同主要分为泡沫绝缘电缆、空气绝缘电缆。其中泡沫绝缘电缆的绝缘体是由物理发泡聚乙烯材料构成;空气绝缘是指内外导体之间的绝缘介质为空气,内导体是依靠与外导体之间的一种绝缘固体介质螺旋支撑起来。泡沫绝缘电缆一般用在电信行业,而空气绝缘电缆一般用于各种大功率的射频传输。

有些网络应用要求很高,它要求可靠、高速地长距离传送数据,这种情况下,光纤就是一个理想的选择。光纤具有圆柱形的形状,由三部分组成:纤芯、包层和护套。纤芯是最内层部分,它由一根或多根非常细的由玻璃或塑料制成的绞合线或纤维组成。每一根纤维都由各自的包层包着,包层是玻璃或塑料涂层,它具有与纤芯不同的光学特性。最外层是护套,它包着一根或一束已加包层的纤维。护套是由塑料或其他材料制成的,用它来防止潮气、擦伤、压伤或其他外界带来的危害。

传输线系统除同轴电缆、双绞线和光纤外,还有一种手段是根本不使用导线,这就是无线电通信。无线电通信利用电磁波或光波来传输信息,利用它不用敷设缆线就可以把网络连接起来。无线电通信包括两个独特的网络:移动网络和无线 LAN 网络。利用无线 LAN 网,机器可以通过发射机和接收机连接起来;利用移动网,机器可以通过蜂窝式通信系统连接起来,该通信系统由无线电通信部门提供。

2. 交换机

交换机被广泛应用于二层网络交换。中档的网管型交换机还具有 VLAN 划分、端口自动协商、MAC 访问控制列表等功能;三层交换机则可以处理第三层网络层协议,用于连接不同网段,通过对缺省网关的查询学习来创建两个网段之间的直接连接;四层交换机可以处理第四层传输层协议,可以将会话与一个具体的 IP 地址绑定,以实现虚拟 IP 等。

交换机选购时,性能方面除了要满足 RFC2544 建议的基本标准,即吞吐量、时延、丢包率外,随着用户业务的增加和应用的深入,还要满足一些额外的指标,如 MAC 地址数、路由表容量(三层交换机)、ACL 数目、LSP 容量、支持 VPN 数量等。常见的 Cisco 交换机有以下几个系列，1900/2900 系列、3500 系列、6500 系列，它们分别使用在网络的低端、中端和高端。

### 3. 路由器

路由器(Router)是位于两个或更多个网络交汇处的一种计算机网络设备，它能将数据包通过一个个网络传送至目的地，这个选择数据的传输路径过程称为路由。路由器与交换机(Switch)在概念上有一定重叠但也有不同：交换机泛指工作于任何网络层次的数据中继设备(尽管多指网桥)，而路由器则更专注于网络层。

"低端路由器和高端路由器都是差不多的用法，为什么价格会相差这么远啊？""为什么单位买的思科的路由器这么贵，而 TP-LINK 的这么便宜？"其实这些问题提得很不错，要解决这些疑问需要我们了解一下路由器的分类。将客户连接到 Internet 的路由器被称为边缘路由器(edge router)；只负责与其他路由器之间(例如 ISP 的网络)传递数据的路由器被称为核心路由器(core router)。边缘路由器也可当作 Internet 网关，主要用在小型网络中如家庭或小型办公室。核心路由器一般安装在数据中心、电信公司或 ISP 的机房内，这些路由器将许多网络用大量的带宽连接起来。近来，许多路由的功能被加入到了局域网交换机上，从而创造出"三层交换机"，可以以接近线速的速度来转发流量。无线网络路由器可以通过 Wi-Fi 技术收发无线信号来与计算机等设备通讯，无线网络路由器可以在不设电缆的情况下，方便地创建一个计算机网络。

路由器提供商主要有阿尔卡特—朗讯(Alcatel-Lucent)、亚美亚(Avaya)、思科(Cisco System)、华为(Huawei)、中兴(ZTE)、友讯科技(D-Link)、爱立信(Ericsson)、诺基亚西门子通信(Nokia Siemens Networks)、Juniper Networks、ECI、3Com、TP-Link 等。

### 4. 服务器

服务器是网络环境中的高性能计算机,它侦听网络上的其他计算机提交的服务请求,并提供相应的服务,为此,服务器必须具有承担服务并且保障服务的能力。简单来说,服务器就是高性能计算机,它的高性能主要体现在高速度的运算能力、长时间的可靠运行、强大的外部数据吞吐能力等方面。根据计算机体系结构来分,服务器可分为 PC 服务器和非 X86 服务器两大类。其中 PC 服务器主要用在中小企业和非关键业务中;非 X86 服务器包括大型机、小型机等,它们是使用 RISC 或 EPIC 处理器(POWER 处理器、SPARC 处理器、安腾处理器等),并主要采用专用操作系统的服务器,相对于 PC 服务器,这种服务器价格昂贵、体系封闭,但是稳定性好、性能强,主要用在金融、电信等大型企业的核心系统中。按服务器档次划分可分为入门级服务器、工作组服务器、部门级服务器和企业级服务器等。根据外形,可分为机架式、刀片式和机柜式等,其中机架式服务器的外形看来不像计算机,而像交换机,如图 2-14 所示,有 1U、2U、4U 等规格,机架式服务器安装在标准的 19 英寸机柜里面,这种结构的多为功能型服务器。

图 2-14　机架式服务器图例

### 5. UPS

UPS 的中文意思为"不间断电源(Uninterruptible Power Supply)",它可以保障计算机系统在停电之后继续工作一段时间以使用户能够紧急存盘,使用户不致因停电而影响工作或丢失数据,并具有整流稳压、脉冲净化和频率稳定等功能。

在电网电压工作正常时,给负载供电如图2-15所示,而且同时给储能电池充电;当突发停电时,UPS电源开始工作,由储能电池供给负载所需电源,维持正常的生产(如粗黑→所示);当由于生产需要,负载严重过载时,由电网电压经整流直接给负载供电(如虚线所示)。

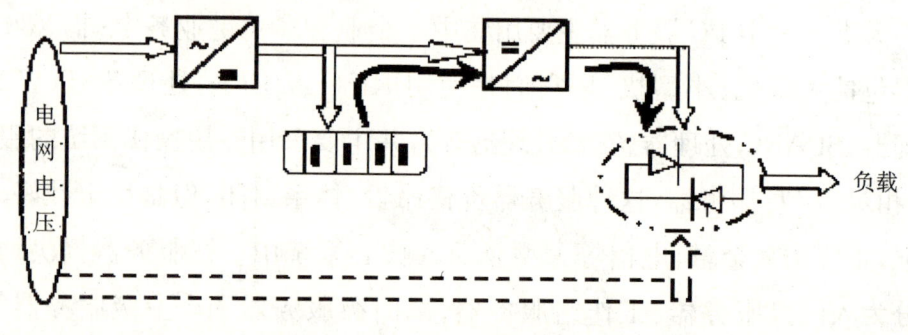

图 2-15 UPS 工作原理图

一台 UPS 至少可以使用三年以上。用户在挑选 UPS 时,需要考虑以下几个方面的内容:承重与空间要求;确定 UPS 功率(VA)值,有些设备用瓦特(W)表明电能需要,将瓦特数乘以 1.4 即可获得大致的伏安数;确定负载设备所需的备用时间,断电时,若负载设备仍需进行长时间运转,应当选择长效型 UPS,否则可选择标准型。

6. 机柜

用来存放计算机和相关控制设备的物件,可为电子设备正常工作提供相适应的环境和安全防护。机柜一般用在网络布线间、楼层配线间、中心机房、数据机房、控制中心、监控中心等。

虽然机柜看上去都差不多一个样,但细分起来根据其用处的不同还是有很多类型,例如用于布线的机柜和用于安放服务器的机柜。用于布线的

图 2-16 IDC 机柜图例

机柜一般是用来放置多台终端交换机,因此会有很多的网线需要接出,于是这种机柜看上去更像机架,也有机柜生产厂家就把这种产品称为布线架;而用于放置服务器的机柜要保护里面的贵重设备,一般有门有锁,所以比较高贵的路由器、防火墙可放在这种机柜里面。

在选择机柜的时候,要根据现实需要着重了解机柜的物理尺寸、承重要求和配电系统等。

机柜本身大小并不固定,高、长、宽都有多种选择,机柜内部有效使用空间一般以 U 为单位,U 是国际通用的机柜内设备安装所占高度的一个计量单位,1U=44.45mm,使用机柜的标准设备的面板一般都是按 n 个 U 的规格制造;而所谓的"19 英寸机架"则是指满足宽为 19 英寸这一规定的机架;机柜的深度包括 600mm、800mm、900mm、960mm、1000mm、1100mm、1200mm等规格。随着机柜内所放置产品密度的加大,良好的承重能力成为对一款合格机柜产品的基本要求。随着机柜内 IT 高密度安装趋势的日益显著,机柜能否发挥其应有效能,配电系统成为关键环节。合理的电源分配直接关系到整个 IT 系统的可用性,而且是整个系统能否发挥其应有效能的重要基础环节。以 1 台 7U 的刀片式服务器为例,1 台大约需要 3kVA 的配电,而 1 台 42U 高的机柜可能安装多达 8 台这样的服务器,其配电总需求量将达到

24kVA。这就对机柜内配电系统提出了严峻的挑战,再考虑到目前大多数服务器双电源供电的需求,更使得机柜内电源分配越来越繁杂。

7. 矩阵切换器

通过阵列切换的方法将 m 路视频信号任意输出至 n 路监看设备上的电子装置。会议室、展厅、IDC 机房、控制中心等的输入设备包括摄像头、DVD、VCR、实物展台、台式电脑以及笔记本信号等,而显示终端则可能是投影机、显示器、大屏幕显示墙、电视等。此时,矩阵的作用就表现出来了,可以把提供信号源设备的任意一路信号送到任意一路的显示终端上,可以做到音频和视频同步或者不同步。常见的类型是根据接口类型划分(VGA、AV、RGB),当然还有混合矩阵,就是设备中不同的接口类型根据接口数量来划分,如 8 系列的有 8 进 2 出、8 进 4 出、8 进 8 出等。需要注意的是与"分配器"和"选择器"的不同,其中分配器可将单路信号在没有信号损失的情况下分成多路相同的信号,输出给多个显示设备,即 1 对多;而选择器可将多路输入信号选择其中一路输出给显示设备,即多对 1。

因而,在选择矩阵的时候,除通用性能指标外,要根据现实需要着重了解的功能性技术指标有两个,一个是矩阵的容量,也就是接口的数量,另外就是矩阵的接口类型,并据此设计具体的切换设置方案。

## 2.3.2 电子政务外网方案

在电子政务网中,基础网络平台建设属于基础设施建设的重点部分。建设统一、高效的基础网络平台,是避免电子政务过度投资和重复建设的根本保证。按照国家对电子政务网的统一部署,我们在设计电子政务网络平台时应满足以下基本需求:

(1) 政务外网定义为数据通信网络,采用 IP 协议承载网上应用。

(2) 网络层设备（路由器、三层交换机等）的运行管理及 IP 地址的申请、规划和部署由电子政务网管理中心负责。

(3) 网络设备之间如需长距离传输线路（同城、异地），可租用运营商的基础设施。

(4) 在网络层（IP 层）实现同级政务部门业务网络的互联互通，以及与国家政务外网共享区及下级政务外网的贯通。

(5) 采用 MPLS VPN 技术，与国家骨干网协同实现政务部门系统内业务专网的"部—省—市—县"四级网络贯通。

(6) 为电子政务部门提供安全、可控的互联网访问，同时实现互联网数据流与政务外网数据流的有效隔离。

据不完全统计，目前政务外网已覆盖到全国的 32 个省区市、167 个地市州、472 个区县，各级接入部门达到 9400 多个，接入终端总数已经超过 31 万台。政务外网已经成为了我国覆盖面最广、连接部门最多、规模最大的政务公用网络，为促进各级政务部门资源整合、信息共享和业务协同创造了良好的基础环境，如图 2-17 所示。

国家政务外网总体架构，自下至上由网络基础设施层、资源层、业务应用层和展现层组成。国家政务外网主要是依托国家公共基础传输网或国家电子政务传输骨干网，构建连通中央、省、地、县统一的 IP 业务承载网，承载各部门、各地区电子政务应用。在统一的网络平台上，构建网络服务平台，主要包括网管中心、数据中心、数字证书中心和安全管理中心等。

国家政务外网按照管理层次划分，可分为一级网、二级网、三级网和四级网。一级网络主要指中央广域骨干网、中央城域网，二级网络主要指省级广域骨干网、省级城域网，三级网络主要指地市级广域骨干网和地市级城域网，四级网主要指县级及以下接入网。

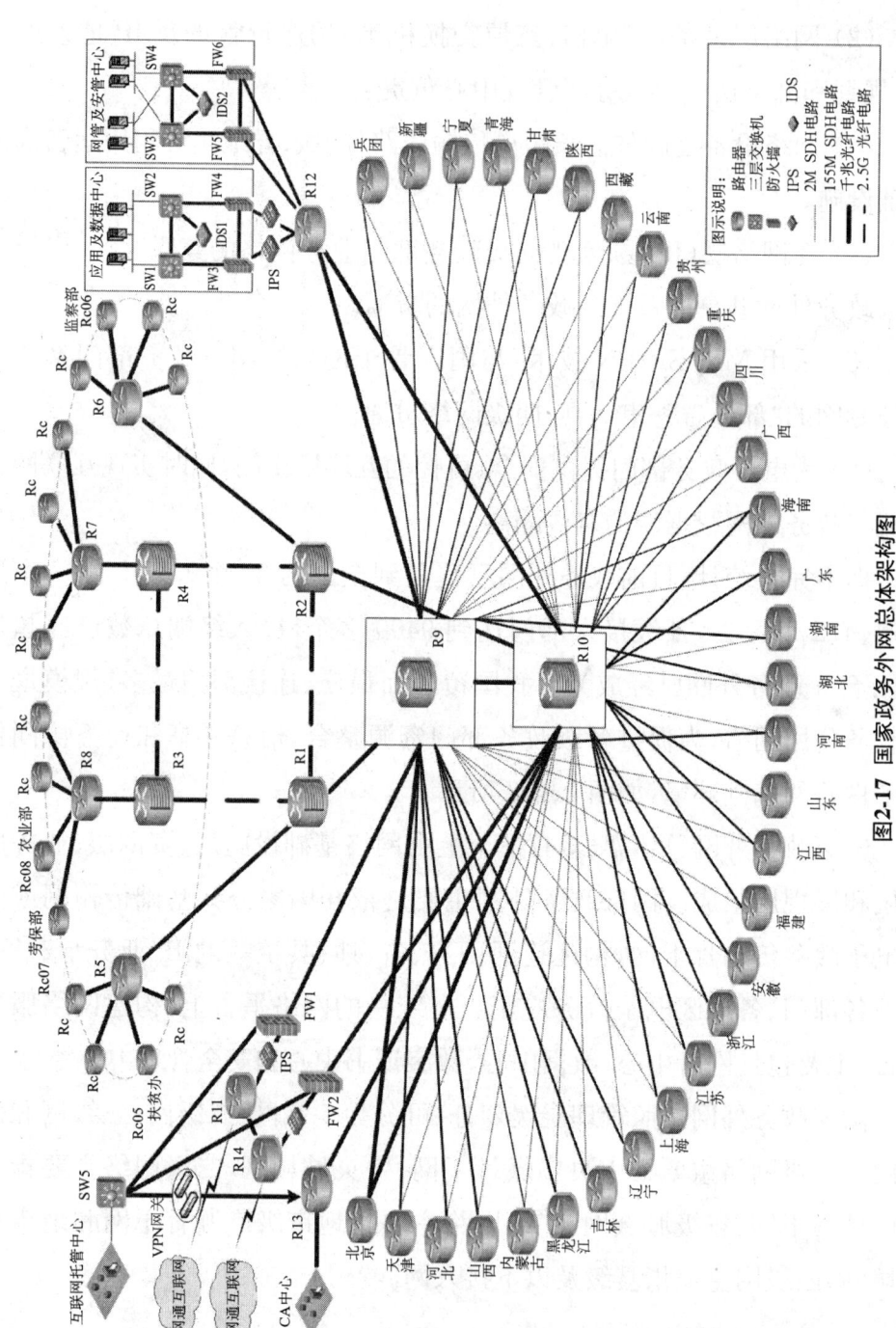

图2-17 国家政务外网总体架构图

中央政务外网接入划分为公用网络区、专用网络区和互联网接入区三个功能域,分别提供政务外网互联互通业务、专用VPN业务和互联网业务。公共网络区与因特网逻辑隔离,专用网络区与因特网物理隔离,两者之间通过手工和隔离网闸进行数据交换,互联网接入区可与外网连接,但必须进行逻辑隔离。

## 2.4 移动互联网

移动通信和互联网是当今信息与通信领域中两支突飞猛进的支柱产业。几乎所有最新的通信、电子、信息、计算机等方面的技术,都被两者所吸纳。随着移动通信和互联网技术的不断发展,网络覆盖愈来愈广,主干网和接入网的传输速率越来越快,终端功能越来越强,两者融合所产生的移动互联网正在逐步形成和发展。移动互联网和那些用无线方法(如固定无线接入网)访问Internet不同,通过移动终端接入到移动互联网中,使用户在任何时间、任何地点都能方便地接入,获得互联网上丰富的信息资源,因此技术上的复杂性和挑战性也大得多。

移动互联网是整合移动通信和互联网技术,为移动终端提供信息服务的互联网络。移动互联网是相对于目前的固定互联网而言的,它是互联网的一个新发展出来的重要组成部分,具有了移动性。移动互联网与普通互联网之间没有明确界限,它是全国性的、以宽带IP为技术核心的,可同时提供话音、传真、数据、图像、多媒体等高品质电信服务的新一代开放的电信基础网络,是国家信息化建设的重要组成部分。作为互联网的组成部分,移动互联网的规模不断扩大,为移动终端用户提供丰富的信息资源。

### 2.4.1 移动互联网特点

从技术角度看,移动互联网和固定互联网的主要区别在于终端和接入网络,以及由此而带来的应用和服务的优势和限制。当然,这些最终要反映在用户体验的差异性上。从终端的角度看,很可能是手持电子设备,这类设备可以接入互联网,使用最多的是智能手机、平板电脑等,在一定地域内移动时,接入服务具有连续性。从移动终端的接入方式看,链路层可以是2G、3G、Wi-Fi等。研究移动互联网的核心问题之一,就是研究移动互联网的便携终端,包括终端的平台、接入和应用,当然也包括其中的功耗、输入和安全等。移动互联网具有如下几个特点:

(1) 智能手机的发展推动手机网民群体逐渐趋向成熟化。过去几年以来,随着电信运营商无线流量资费的下降,中国手机互联网网民规模得到了快速增长。《第29次中国互联网络发展状况统计报告》显示,截至2011年12月底,中国手机网民规模已经达到3.56亿人,占总体网民的比例达到69.4%。智能手机的革命性发展大大提升了用户使用手机上网的体验,手机上网逐渐成了PC上网的延伸,传统互联网用户逐渐开始大范围向手机网络融合。

(2) 经过三家电信运营商两年的积极布局和推进,2011年,中国3G发展开始进入高速增长阶段。工信部数据显示,截至2011年11月底,全国3G用户规模达到1.19亿,在移动电话用户中的渗透率达到12.2%,中国3G产业开始进入快速增长的规模化发展阶段。

(3) 在巨大的潜在市场空间面前,传统互联网服务商纷纷开始布局移动互联网。主要体现在以下方面:第一,大部分Web网站投放更多人力以提升网站的使用体验,部分Web网站还专门针对智能手机平台进行了优化以适配手机屏幕;第二,应用商店的高速发展不仅最大程度上简化了网民下载安装手机应用的方式,更是开创了一种新的商业模式,吸引大量个人/团队开发者投身其中,形成一个具备良性发展循环的生态系统;第三,各种移动互联网特有的应用开始显现,比如手机独有的位置属性元素逐渐开始成为移动互联网应用的标配功能,手机微博等具备时间碎片化特点的应用开始成为继移动 IM 之后的新的移动互联网关键应用。

(4) 2011 年,总体手机应用发展状况良好。总体呈现出交流沟通类应用与信息获取类应用领先发展,娱乐与商务类应用发展相对缓慢的特点。其中,手机即时通信和手机微博作为交流沟通类应用的代表,是现阶段推动移动互联网发展的主流应用。

(5) WiFi 能促进手机网民使用更多的移动互联网应用,但目前整体手机网民中 WiFi 使用率偏低,仅有 7.6% 的手机网民在过去半年内经常使用 WiFi 上网。其中,智能手机网民中 WiFi 使用率为 14.8%,非智能手机网民仅为 0.6%。

在政府内部可以通过移动互联网扩展现有的电子政务网络,弥补有线网络的不足,如移动办公、实时信息发布、险源监控和远程会议等等。在政府外部,可以实现电子政务移动化,如移动执法、网上办事等,以提高政府办事效率和推动阳光政府建设,促进政府向服务职能转型等。

### 2.4.2 接入层建网主流技术

**1. 移动互联网体系结构**

移动互联网网络体系结构主要分为用户层、接入层、承载层和业务层等。用户层主要设备是用户的接入设备,用户层与基站、AP 的传输方式为无线传输。接入层设备主要包括无线基站、网关设备和 AP 设备,主要为用户终端提供无线接入信号,负责无线资源的管理、业务的调度等功能。无线层以上的信号传输主要采用有线方式,目前微波和卫星通信在民用中较少。移动互联网的承载网络的技术最为多样,既有高保证的 SDH 传输,也有高效率的分组传输,或者两者相结合的传输方式。承载网包括传送层和核心层两个网络层次,传送层主要利用各种传输技术,负责传送用户数据,核心层主要负责网络接入的用户认证和会话建立。传送层的设备一般包括 SDH(Synchronous Digital Hierarchy 同步数字体系)、MSTP(Multi-Service Transfer Platform 多业务传送平台)、WDM(Wavelength Division-Multiplexing 波分复用)、OTN(Optical Transport Network 光传送网)、PTN(Packet Transport Network 分组传送网)、PON(Passive Optical Network 无源光纤网络)和数据通信设备(路由器、交换机、服务器)等。核心层设备主要包括各种功能服务器和应用服务器等。业务层主要为用户提供各种业务应用,主要设备是业务应用服务器、内容资源服务器等。我们下面将重点介绍接入层技术。

移动互联网第一阶段以建设基于 IEEE802.11b 标准的 WiFi(Wireless Fidelity 无线仿真)无线局域接入网络为目的,主要实现固定无线网络接入。简单来说就是借助 WiFi 等技术标准,将一座城市用无线高速宽带网络覆盖起来,让人们的学习、工作和生活摆脱"有线"的束缚。第二阶段以利用无线网络加载和移植各种应用,解决人民生产和生活难题,提高生产效率和生活品质为目标。阶段以多种无线接入手段和无限扩展应用为特点,在接入层主要采用 3G 和 WLAN 技术。无线网络未来下一代发展方向是与物联网、云计算等技术结合,把各种无线应用、业务相融合与关联,为政府、公众和产业提供一体化的、简单化、智能化的信息服务,为最终实现"智慧城市"、"智慧地球"提供解决方案。

3G/4G 作为广域覆盖的网络,主要以覆盖为主,WLAN 作为区域覆盖的网络,主要以容量为主,建设高速宽带无线接入网络,就是解决 3G/4G 在区域覆盖时无法满足容量需求的问题。随着信息化发展的日新月异,各种高带宽需求的业务也层出不穷,如高清移动电视等,现有 3G/4G 无法满足这一需求。采用 IEEE802.11x 系列的 WLAN，可以实现 54M 的接入速率，尤其是 802.11n 的 WLAN，最大接入速率可以达到 300M～600M 左右，远远高于 3G/4G 的接入速率，完全支持大带宽业务需求。

表 2-1 移动接入技术对比简表

| 技术类别 | WiMAX | WiFi | 3G |
| --- | --- | --- | --- |
| 基本标准 | IEEE 802.16C | IEEE 802.11a/b/g | HSIA：WCDMA/TD-CDMA；1xEV/Do REV A/B；CDMA2000/is-95 |
| 频带 | 2-11GHz 部分需许可证 | 2.4GHz 不需许可证 | 2GHz，需许可证 |
| 编码方式 | OFDM/FDD、TDD | CKK、OFDM | CDMA、TDD、FDD |
| 速率 | 70Mbps | 54Mbps | HSDPA：7.2Mbps，EVD0：3.1Mbps |
| 覆盖半径 | 宏峰窝（<50km） | <100m | 宏峰窝（<7km） |
| 移动性 | 静止、步行 | 静止、步行 | 静止、步行、车载 |
| 安全性 | 中 | 低 | 高 |
| 成熟度 | 差 | 很好 | 较好 |
| 适用场景 | 中距离低带移动用户的高速接入 | 短距离相对固定的用户的高速接入 | 远距离移动用户的低速接入 |

**2. 3G 接入**

移动通信技术经过多年发展，第三代移动通信已经商用，甚至有些运营商已经着手在进行增强型 3G 或 4G 的试点建设。由于 3G 在数据业务、尤其是高速数据业务上的优势，在 4G 商用尚无时间表的情况下，目前各大运营商的无线接入大部分都主推第三代移动通信（3G）。3G 支持高速数据传输，其服务能够同时传送语音及数据业务，3G 与 2G 的主要区别是在传输声音和数据的速度上的提升。目前国内支持国际电联确定的三个无线接口标准，分别是中国电信的 CDMA2000、中国联通的 WCDMA、中国移动的 TD-SCDMA。GSM 设备采用的是时分多址，而 CDMA 使用码分扩频技术，CDMA 先进功率和语音激活至少可提供大于 3 倍 GSM 网络容量，因此业界将 CDMA 技术作为 3G 的主流技术。

3G 的另一个重要特性就是具有良好的全球漫游能力。目前全球大部分国家已经开通3G网络,其中80%运营商选择WCDMA,20%运营商选择CDMA2000,此外,3G的产业链也已经非常成熟。第三代移动通信技术比较适合中高速移动用户和低速数据的接入,若无线传输带宽要求较高,则需要其他技术手段来解决。

3. 宽带无线接入

在现有的宽带无线接入技术中,基于IEEE802.11x的WLAN和基于802.16的WiMAX(Worldwide Interoperability for Microwave Access 全球微波互联接入)是目前两大主流的宽带无线接入技术,其中WLAN的WiFi使用更为普及,终端与用户规模也最大。

WLAN一般由用户终端的无线网卡、AP和AC(Access Controller 无线控制器)组成无线局域网络。按照速度与技术的新旧,可将WLAN的主流的技术标准分为802.11a、802.11b、802.11g和802.11n,目前以802.11g/a/b最为广泛。WLAN组网简单,可以不受布线条件的限制,因此非常适合移动办公用户的需要。另外WLAN使用2.4G公开频段,使用范围限制少。但同时WLAN也存在一些缺点,如传输时系统开销会使应用层速率减少50%左右,由于使用公开频段,无线电波间存在相互影响的现象,特别是同频段、同技术设备之间将存在明显影响。在多运营商环境中,不同AP间的频率干扰会使数据传输速率明显降低。WLAN无线传播环境影响大,其质量和信号的稳定性都不如有线接入方式。

WiMAX又称为802.16无线城域网,是近年迅速发展起来的宽带无线接入技术,能提供面向互联网的高速连接,数据传输距离最远可达50km,同时以更好的灵活性和可扩展性,以及更低的成本在城域网范围内为宽带用户接入提供更多的选择。但目前支持WiMAX的终端还比较少,还没有大规模应用。

# 第 3 章

# 电子政务信息资源开发利用

## 3.1　电子政务信息资源概述

电子政务信息资源就是政府的电子化信息资源。随着电子政务建设的逐步深化,将来所有的政府信息资源都将实现电子化和数字化。有研究表明,社会中超过 80% 的信息都与政府有着直接或间接的关系,可以说,政府信息资源是社会最大的信息资源库。政府信息资源来源广泛、种类繁多、数量巨大,涉及社会日常运转的各个方面。如此海量的信息资源如果得到合理的利用,将发挥重大的经济效益和社会效益。如何才能有效地利用这些信息资源,让其在社会经济运转过程中发挥巨大效益,就成了电子政务建设中非常值得探讨的一个问题。

政府信息资源的利用有两个关键问题,一是标准化。由于政府信息资源来源广泛、形式各异,要对其进行利用首先要面对的问题就是如何对这些复杂的信息资源进行统一、规范的描述。第二个问题是合理的信息资源设计。标准体系是一个顶层问题,应该从国家和行业层面上进行考虑,目前我国政府也正在积极推进电子政务标准体系的建设,很多有政府背景的研究机构都在为电子政务标准体系的建设进行深入研究。标准体系的建设往往是在实践过程中不断修补、改进和完善的,是一个逐步建设的过程,本书对标准体系建设的问题不做深入探讨,这里重点关注信息资源设计的问题。优秀的信息资源设计对信息资源的利用也是至关重要的。

信息资源的设计关注如何更好地组织、管理信息资源,以及让需要利用信息资源的用户更快捷更准确地找到所需的内容,如何实现政务资源的交换与共享。本章将从政务信息资源分类架构、政务信息资源管理技术、政务信息资源采集与获取和政务信息资源交换与共享等四个方面对信息资源的设计进行阐述。

## 3.2 政务信息资源分类架构

由于政务信息资源数量巨大、种类繁多、来源各异的特点,从不同的角度出发,所得到的分类方式也不同。鉴于政务信息资源的这种特点,对政务信息资源进行的分类也不应该从单一角度出发,而应该是多角度、多维的分类。

按信息资源产生的单位可以分为产生于政府内部的政府信息资源和产生于政府外部的社会公共信息资源。政府信息资源包括党政机关制定的政策法规、公文报告、执行信息以及接收的各种反馈信息等;社会公共信息资源包括经济社会运行统计数据、公民信息、企业信息、新闻媒体的文稿、报道以及各种产生于政府外部,但是与政府有密切联系的社会信息等。

按信息资源的利用范围可以分为三个级别:社会公开类、部门共享类和依法专用类。社会公开类信息指应当向社会公开,归社会公众广泛利用的信息;部门共享类信息指只能在政府部门之间根据工作需要进行共享的信息;依法专用类信息指依据法律只能由特定部门专用的信息,这类信息往往具有较高的保密级别,属于具有一定特殊性的信息。

按信息服务的对象可以分为三类:政府间交流的信息、企业服务信息、民众服务信息。政府间交流的信息指政府机构和部门间相互协调、配合管理的各种信息,包括:政策法规、事务性公务信息和公文信息,如抄送文件、通知、记录数据、办公档案、经验介绍等。企业服务信息指政府对企业的信息服务,包括税务信息、政府咨询信息、政府采购信息、证照处理信息等。民众服务信息指政府对民众的信息服务,包括社会保险信息、教育信息、就业信息、政府服务信息等。

## 3.3 信息资源管理技术基础

信息资源管理技术以新兴的政务智能为代表的电子政务技术为核心,涵盖了数据仓库、数据挖掘、知识管理、决策支持系统、在线处理、集成技术以及可视化技术等,对电子政务信息资源的开发利用起到了重要的技术支撑作用。

### 3.3.1 政务智能

**1. 政务智能的概念**

政务智能(Government Intelligence,GI)的概念起源于商务智能(Business Intelligence,BI)概念。目前,国内外对 GI 的研究还刚刚起步,多数学者认为政务智能和商务智能虽然应用领域不同,但在技术体系上基本是一致的。樊博等在《面向主动服务模式的政务智能系统框架研究》一文中提出,政务智能即是分析型的电子政务系统,是面向政务数据分析的决策支持系统。政务智能系统的目的是通过分析政务活动中积累的海量数据,得到有指导意义的知识和决策依据,使政府更好地管理和服务社会。万道濮等在《政务智能体系及其核心技术研究》中提出,政务智能代表为提高政府运作效能而采用的一系列方法、技术和软件的总和,是帮助政府提高决策能力、运作能力和服务能力的概念、方法、过程以及软件的集合。我们认为,政务智能是一个演变的概念,在当前新技术发展环境中,政务智能的根本在于"政务",特征在于"智能",政务智能就是在新技术的支撑下,集数据仓库、数据挖掘、知识管理、决策支持系统、在线处理、集成技术以及可视化技术于一体,以协同业务和协同决策作为重要途径,通过电子政务实现政府部门全新的管理模式和服务模式,从而为社会提供更具个性化、更高效的服务。

2. 政务智能的技术框架

由上述政务智能概念,可以得出如下结论:

(1)政务智能的基本思想来源于拥有成功技术支撑与应用案例推广的商务智能。政务智能与商务智能的共同之处在于,第一,两者都需要一系列技术的支撑;第二,技术是手段,如何利用这些技术帮助处理业务是根本;第三,两者都是为有关部门提供决策支持,但商务智能侧重数据分析和知识发现而用于单个部门的辅助决策,而政务智能则更注重多部门的协同业务和协同决策。

(2)政务智能的最终目的是为政府提供决策支持,由于多种新技术的有力支撑,从而具有了传统的智能决策支持系统不具备的强大的知识管理、信息挖掘与知识评价能力。

(3)新技术媒体的出现与发展,在很大程度上推动了电子政务的智能化程度。

根据以上分析,从数据操作的层面来看,政务智能的技术架构如图3-1所示。

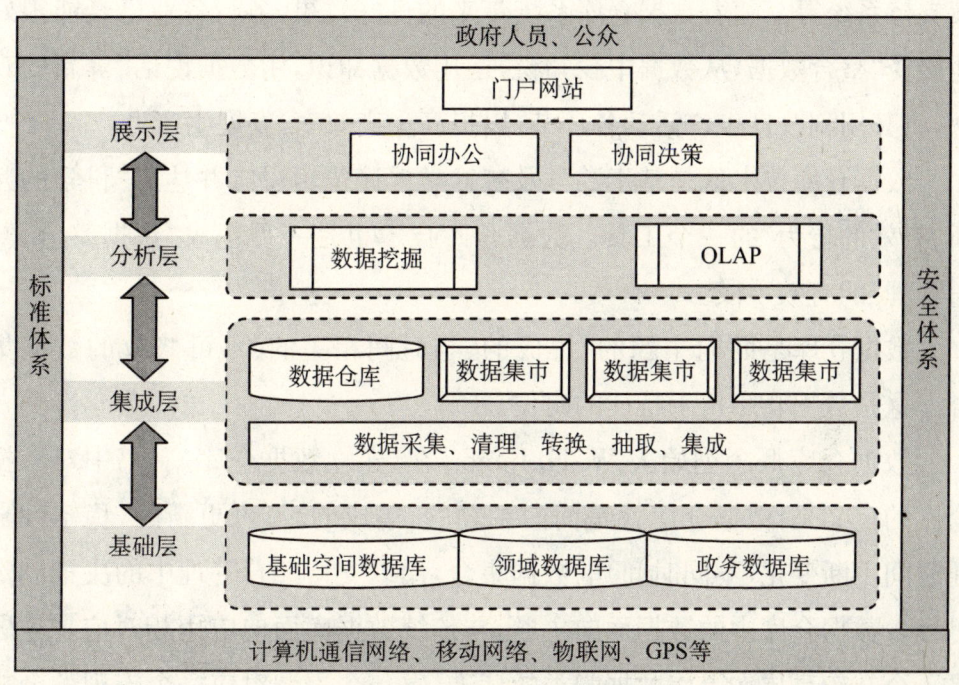

图 3-1 政务智能技术架构图

### 3.3.2 数据仓库

随着 20 世纪 90 年代后期 Internet 的兴起与飞速发展,我们进入了一个新的时代,大量的信息和数据迎面而来,用科学的方法去整理数据,从不同视角对企业经营各方面信息的精确分析、准确判断的需求比以往更为迫切,实施商业行为的有效性也比以往更受关注。

数据仓库技术是基于信息系统业务发展的需要,基于数据库系统技术发展而来,并逐步独立的一系列新的应用技术。使用这些技术建设的信息系统我们称为数据仓库系统。随着数据仓库技术应用的不断深入,近几年数据仓库技术得到长足的发展,典型的数据仓库系统如经营分析系统、决策支持系统等。随着数据仓库系统带来的良好效果,各行各业已经能很好地接受"整合数据,从数据中找知识,运用数据知识,用数据说话"等新的观念,将其用到改良生产活动各环节,以提高生产效率,发展生产力。

数据仓库技术就是基于数学及统计学严谨逻辑思维并达成"科学的判断、有效的行为"的一个工具。数据仓库技术也是一种达成"数据整合、知识管理"的有效手段。

数据仓库是面向主题的、集成的、与时间相关的、不可修改的数据集合。这是数据仓库技术特征的定位。

数据仓库概念创始人 W. H. Inmon 在《建立数据仓库》一书中对数据仓库的定义是:数据仓库就是面向主题的、集成的、不可更新的(稳定性)、随时间不断变化(不同时间)的数据集合,用以支持经营管理中的决策制定过程。数据仓库中的数据面向主题,与传统数据库面向应用相对应。主题是一个在较高层次上将数据归类的标准,每一个主题对应一个宏观的分析领域。数据仓库的集成特性是指在数据进入数据仓库之前,必须经过数据加工和集成,这是建立数据仓库的关键步骤。首先要统一原始数据中的矛盾之处,还要将原始数据结构做一个从面向应用向面向主题的转变。数据仓库的稳定性是指数据仓库反映的是历史数据的内容,而不是日常事务处理产生的数据,数据经加工和集成进入数据仓库后是极少或根本不修改的。数据仓库是不同时间的数据集合,它要求数据仓库中的数据保存时限能满足进行决策分析的需要,而且数据仓库中的数据都要标明该数据的历史时期。

数据仓库最根本的特点是物理地存放数据,而且这些数据并不是最新的、专有的,而是来源于其他数据库。数据仓库的建立并不是要取代数据库,它要建立在一个较全面和完善的信息应用的基础上,用于支持高层决策分析,而事务处理数据库在企业的信息环境中承担的是日常操作性的任务。数据仓库是数据库技术的一种新的应用,而且到目前为止,数据仓库还是用关系数据库管理系统来管理其中的数据。

### 3.3.3 数据挖掘

1. 定义

数据挖掘(Data Mining,DM)也称作基于数据库的知识发现(Knowledge-Discovery in Databases,KDD)。1989年8月在美国底特律召开的第11届国际人工智能联合会议的专题讨论会上首次出现KDD这个术语。数据挖掘是一个多学科的交叉领域,它涉及到数据库技术、人工智能、机器学习、神经网络、统计学、模式识别、知识库系统、专家系统、高性能计算和数据可视化等领域。数据挖掘使数据库技术进入了一个更高级的阶段,它不仅能对过去的数据进行查询和遍历,并且能够找出过去数据之间的潜在联系,从而促进信息的传递。数据挖掘是数据仓库系统中最重要的部分,数据挖掘可以帮助人们从大量的数据中智能地、自动地抽取出隐含的、事先未知的、具有潜在价值的知识或信息。这些知识是隐含的,事先未知的有用信息,提取的知识可表示为概念(Concepts)、规律(Regulations)、模式(Patterns)等形式。事实上,更广泛一点说,数据挖掘就是在一些事实或观察数据的集合中寻找模式的决策支持过程。可见,数据挖掘是指"在海量数据中发现有效的、新颖的、潜在有用的、可理解的模式的非平凡过程"。

从更广义的角度来讲,数据挖掘就是在一些事实或观察数据的集合中寻找模式的决策支持过程。因此,挖掘的对象不仅是数据库,还可以是任何组织在一起的数据集合。数据挖掘最初针对的是大型数据库,而电子政务中的数据挖掘技术是基于网络的,即所谓的网络数据挖掘,它除了处理传统数据库中的数值型的结构化数据外,处理更多的是文本、图形、图像、WWW信息资源等半结构、非结构的数据。

数据挖掘在解决实际问题时,经常要同时使用多种模式。一个数据系统或仅仅一个数据挖掘查询就可能生成成千上万的模式,但是并非所有的模式都令人感兴趣。因此,兴趣度通常被用来衡量模式的总体价值,它包括正确性、新奇性、可用性和简洁性。

**2. 数据挖掘过程**

数据挖掘是一个完整的过程,一般地,数据挖掘在认识一个问题上的应用,都可以大致分为四个阶段:

(1)确定业务对象阶段

该阶段的主要任务是,清晰地定义出业务对象,认清数据挖掘的目的是数据挖掘的首要任务。虽然挖掘的最后结果是不可预测的,但是要探索的问题应该是现实明确的,这是数据挖掘的前提。

(2)数据准备阶段

数据准备是数据挖掘中的一个重要步骤,数据准备会直接影响数据挖掘的效率、准确程度和最终产生模式的有效程度。该阶段又分为三个子步骤:数据选择、数据预处理、数据转换与集成。

①数据选择:数据选择的目的是辨别出需要分析的数据集合,缩小处理范围,为提高挖掘质量奠定基础。

②数据预处理:将数据转换,以适合具体的数据挖掘需求,并进行一些必要的数据约简。该阶段主要对前一阶段产生的数据进行再加工,检查数据的完整性及数据的一致性,对其中的噪音数据进行处理,对丢失的数据进行填补。

③数据转换与集成:将多文件(或多数据库)环境中的数据做合并处理,并可能需要解决语义的模糊性等。

(3)数据挖掘阶段

这个过程是整个数据挖掘中最重要的一步,即使用适当的数据挖掘算法对前面处理过的数据进行分析,进而得到可能的模式或模型。根据不同数据的特点以及不同的用户需求,对同样的任务,可以选用不同的算法(如关联规则、分类、回归、聚类等)。

(4)评估阶段

根据最终用户的决策目的对提取的信息进行分析,把最有价值的信息提取出来,并且通过决策支持工具提交给用户。分析人员在使用数据挖掘结果之前,希望能够对挖掘的结果进行评估,以保证数据挖掘结果的有效性。在对挖掘结果进行评估时,需要考虑的因素主要包括:此结果要优于用不同的数据集在模型上的操作结果,模型的结果要比其他模型的结果更加准确等。

整个数据挖掘过程不是一蹴而就的,而是一个不断反馈的过程。严格地说,上述整个过程称为数据库上的知识发现,而仅把第三阶段称为数据挖掘,认为它是知识发现的一个基本步骤。数据挖掘的四个主要阶段及各阶段的相关步骤如图3-2所示。

3. 数据挖掘的分类

数据挖掘的任务主要是关联分析、聚类分析、分类、预测、时序模式和偏差分析等。

(1)关联规则分析

关联规则分析由Rakesh Apwal等人首先提出,后扩展到关系数据库、空间数据库和多媒体数据库中挖掘关联规则,并且是要求挖掘通用的、多层次的、用户感兴趣的关联规则。

(2)分类

分类是根据数据集的特点首先构造分类器,然后利用分类器给未知类别的样本赋予类别。构造分类器的过程一般分为训练和测试两个步骤。在学习阶段,建立模型描述预定的数据类集或概念集,数据集中的每一条记录都属于一个预先给定的类别,利用类标签属性来标识类别,用于创建模型的数据集一般被称为训练集,模型可以用数学公式、分类(IF-THEN

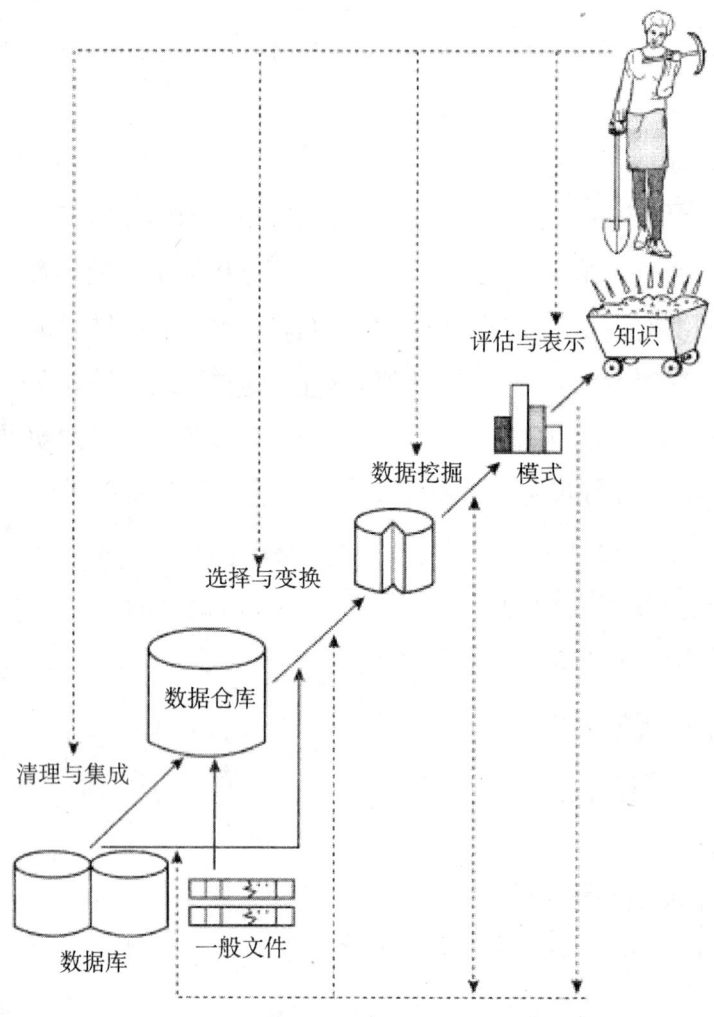

图3-2 数据挖掘的过程

规则、判定树或神经网络等形式来表达描述一个预先确定的数据类或概念的集合,即进行有监督的学习。在测试阶段,使用创建的模型在一个测试集上进行预测,并将测试结果与实际值进行比较,利用测试集中被正确分类的对象百分比来估计模型的准确率。

(3)聚类分析

聚类分析是指事先不了解样本集中每一个样本的类别或者其他先验

知识,而主要是根据事物的特征,利用某种相似度度量的方法,把特征相同或相近的归为一类,实现聚类或分类。

(4)预测

预测是利用历史数据找出变化规律,建立模型,并由此模型对未来数据的种类及特征进行预测。预测关心的是精度和不确定性,通常用预测方差来度量。

(5)时序模式

时序模式是指通过时间序列搜索出的重复发生概率较高的模式。与回归一样,它也是用已知的数据预测未来的值,但这些数据的区别是变量所处时间的不同。

(6)偏差分析

偏差分析就是对数据库中的偏差数据进行监测和分析。在偏差中也包含有用知识,因此,数据库中会存在某些异常情况,发现这些异常情况是非常重要的。偏差分析的方法主要有基于统计的方法、基于距离的方法和基于偏移的方法。孤立点数据的发现可以在信用卡使用、金融诈骗、医学数据分析等领域应用。

4. 数据挖掘的基本技术

(1)统计学

统计学虽然是一门"古老的"学科,但像多元统计分析,如判别分析、主成分分析、因子分析、相关分析(用相关系数来度量变量间的相关程度)、多元回归分析(用回归方程来表示变量间的数量关系)、差异分析(从样本统计量的值得出差异来确定总体参数之间是否存在差异)等依然是最基本的数据挖掘技术。统计方法处理过程可以分为三个阶段,即搜集数据阶段、分析数据阶段、进行推理阶段。在此过程中,利用这些技术可以检查异常数据,然后可用某些统计模型或数学模型诠释这些数据,发现潜在的规律。

(2) 决策树技术

决策树是一种常用的预测模型的算法,决策树根据不同的重要特征,以树型结构表示分类或决策集合,从而产生规则和发现规律。

最有影响和最早的决策树方法是由 Quinlan 提出的著名的基于信息熵的 ID3 算法。后来,出现许多改进算法,常见的有 ID4、ID5R、C4.5、C5.0、IBLE 等。

(3) 支持向量机

支持向量机(Support Vector Machine, SVM)是 Vapnik 等人根据统计学习理论提出的一种新的机器学习方法,其理论基础是统计学习理论的 VC 维理论和结构风险最小化原理,通过适当地选择函数子集和该子集中的判别函数,利用有限样本信息在模型的复杂性和学习能力之间选择最佳方案,使学习机器的风险达到实际最小,以期获得最好的泛化性能,它通过有限训练样本保证了得到小误差分类器,对独立测试集的测试误差仍然较小。

(4) 人工神经网络

典型的神经网络模型主要分三类:

① 以感知机、反向传播模型、函数型网络为代表,用于分类、预测和模式识别的前馈式神经网络模型。

② 以 Hopfield 的离散模型和连续模型为代表,分别用于联想记忆和优化计算的反馈式神经网络模型。

③ 自组织网络,以 ART 模型、Kohonen 模型为代表,用于聚类。

(5) 粗糙集方法

波兰人 Z. Pawlak 于 1982 年提出了粗糙集理论,利用该方法可以刻画不确定性、不完整性的信息,且能较好地分析不精确、不一致、不完整等不完备的信息。该方法还可以通过对数据分析或推理,进而发现隐含知识,揭示潜在的规律。

(6) 可视化技术

可视化技术是数据挖掘不可忽视的辅助技术。可视化的内涵是将数据通过图形化、地理化形象真实地表现出来并且找出数据背后蕴含的信息，本质在于从抽象数据到可视结构的映射。

(7) 贝叶斯网络

贝叶斯网络(Bayesian Network,BN)是 Pearl 于 1988 年提出的，已成为机器学习领域研究的热点问题。BN 本质上是有向无环图(Directed Acyclic Graph,DAG)，由节点和有向边组成。其中，节点表示随机变量，有向边表示节点间的关系(通常由父节点指向子节点)。关系强度一般用条件概率表达，若无父节点则用先验概率表达。该技术可用作分类过程。

(8) 模糊集方法

模糊集理论，也称为模糊集合论，或简单地称为模糊集，是 1965 年美国学者 Zadel 在数学上创立的一种描述模糊现象的方法——模糊集合论。这种方法把待考察的对象及反映它的模糊概念作为一定的模糊集合，建立适当的隶属函数，通过模糊集合的有关运算和变换，对模糊对象进行分析。

(9) 概念树方法

对数据库中记录的属性字段按归类方法进行抽象，所建立的层次结构称为概念树。基于概念树的知识发现方法本质上是一种归纳的方法，它其实是一个记录合并的处理过程。采用这种方法从数据库中发现知识的核心是执行面向各属性的基本归纳。

5. 数据挖掘与电子政务

由于政府的重要职能之一是对国民经济和社会发展进行宏观管理与调控，数据类信息的应用在各级政府的日常工作中占有重要地位，这就要求各级政府应当及时准确地掌握国民经济和社会发展的各类数据。有资料表明：在我国，各级各类政府部门掌握着全社会的信息资源，政府是社会信息资源的最大拥有者和应用者,如何让这些信息资源高效服务于各级政府机构、服务于民成为电子政务工程建设中的一项重要的内容。政府信息化是社会信息化的基础,只有政府实现了信息化,才能真正实现社会公共资源的共享,提高社会资源的运作效率,促进整个社会融入信息时代。目前,电子政务系统的构建,正经历着由以技术为中心向以数据为中心的方向转变,没有数据信息,就没有政府网站及电子化政府。因而,整合政务信息资源,建设和改造政府系统对内及对外的电子信息资源库,解决好各类数据的传递、应用等问题,势必成为今后电子政务建设的关键所在。

电子政务包括政府的信息服务、电子贸易、电子化政府、政府部门重构、群众参与政务五个方面的内容。将网络数据挖掘技术引入电子政务中,可以大大提高政府信息化水平,促进整个社会的信息化。数据挖掘在电子政务中主要用来为政府重大政策出台提供决策支持。如通过对网络各种经济资源的挖掘,确定未来经济的走势,从而制定出相应的宏观经济调控政策。

具体体现在以下几个方面:

(1) 政府的电子贸易

在服务器以及浏览器端日志记录的数据中隐藏着模式信息,运用网络用法挖掘技术可以自动发现系统的访问模式和用户的行为模式,从而进行预测分析。例如,通过评价用户对某一信息资源浏览所花费的时间,可以判断出用户对何种资源感兴趣;对日志文件所收集到的域名数据,根据国家或类型进行分类分析;应用聚类分析来识别用户的访问动机和访问趋势等。这项技术已经有效地运用在政府电子贸易中。

(2) 网站设计

通过对网站内容的挖掘,主要是对文本内容的挖掘,可以有效地组织网站信息,如采用自动归类技术实现网站信息的层次性组织;同时可以结合对用户访问日志记录信息的挖掘,把握用户的兴趣,从而有助于开展网站信息推送服务以及个人信息的定制服务,吸引更多的用户。

(3) 搜索引擎

网络数据挖掘是目前网络信息检索发展的一个关键。如通过对网页内容挖掘,可以实现对网页的聚类、分类,实现网络信息的分类浏览与检索;同时,通过对用户所使用的提问式的历史记录的分析,可以有效地进行提问扩展,提高用户的检索效果;另外,运用网络内容挖掘技术改进关键词加权算法,提高网络信息的标引准确度,从而改善检索效果。

(4) 决策支持

为政府重大政策出台提供决策支持。如,通过对网络各种经济资源的挖掘,确定未来经济的走势,从而制定出相应的宏观经济调控政策。从世界范围来看,电子政务并未真正得以实现。英国虽然在这一方面全球领先,但也仅有60%的政府机构的互联网服务网站已开通或正在建设。随着电子政务和网络用户对高品质、个性化的信息需求的不断扩大,将对网络数据挖掘技术提出更高的要求,推动这一技术不断地发展与完善,更好地为电子政务服务,从而提高全球的信息化水平。

总之,从整个世界范围来看,电子政务还没有真正地实现。各国政务信息化的进度不一、规模不同。随着电子政务系统和民众对高品质、个性化信息需求的不断扩大,以及网络相关技术的不断更新,会对电子政务系统的建设提出更高更具体的要求,这也将推动电子政务不断地完善,更好地向着政务智能化的方向推进。

### 3.3.4 知识管理

1. 知识管理的概念

知识管理(Knowledge Management,KM)是网络新经济时代的新兴管理思潮与方法,管理学者彼得·杜拉克早在1965年即预言:知识将取代土地、劳动、资本与机器设备,成为最重要的生产因素。20世纪90年代后,信息技术的蓬勃发展使知识管理融合网络技术、数据库技术等工具,成为组织累积知识财富、创造更多竞争力的利器。随着社会经济模式的快速变化,知识管理被置于21世纪组织管理的重要位置,其倡导实现知识创新与知识共享,运用集体智慧提高组织的应变和创新能力,从而增强了竞争力。

知识管理,即在组织中建构一个融合人文与技术的知识系统,让组织中的信息与知识,透过获取、创建、共享、整合、存取、更新等环节,最终达到知识的不断创新,并回馈到知识系统内,个人与组织的知识可以实现持续的累积。

### 2. 电子政务环境下的知识管理

现代信息技术的飞速发展,特别是Internet技术的广泛应用,由此引发的生产和组织方式的变革、全球市场的融合与重构,带动起一场与工业革命深度相当的信息革命。这使得各级政府部门逐渐意识到,要想跟上现代社会发展的节奏,创造更多的价值,提高政府的社会效益和经济效益,就必须充分重视知识。将知识管理的思想应用于电子政务系统构建,既有利于知识管理的实践,又有助于推进电子政务,提高政府工作效率,激活政府创新力。同时,利用知识管理,可以提高政府工作人员的自身素质,提高专业技能和专业知识的利用效率,提高工作效率和服务意识,并营造良好的服务氛围,保证政府能够快速响应突发事件。因此,知识管理便成为提高政府内部管理效率的理想的管理模式。

政府知识管理和电子政务都是信息化发展的产物,知识管理对于电子政务的现实支持应仅仅围绕着知识流程来展开。具体说来,知识流程是知识政务与电子手段的最佳结合点:第一,使流程与组织结构和职能相统一;第二,使知识与现实工作相结合;第三,有利于知识与计算机系统的密切融合。知识管理与电子政务的结合关系如图3-3所示。

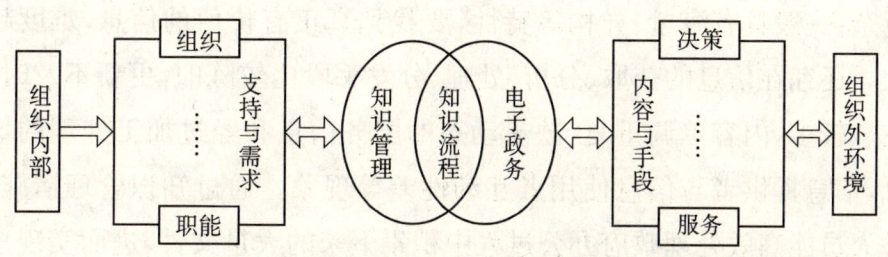

**图3-3 知识管理与电子政务的结合关系**

由此可见,两者既存在着区别,又有着明显的联系,共同促进与发展。

首先,两者的联系主要表现在电子政务和政府知识管理都是由信息技术构建的知识网络系统支持的,都为政府机构改革建立扁平式的组织结构,为提高政府绩效带来了新的发展动力。

其次,两者的区别主要表现在电子政务是针对传统政务而言的,是传统政务的信息化,主要强调信息和政务的有效结合。而政府知识管理是在电子政务的基础上,进一步强调对知识的管理,实现知识的交流、共享和创新,强调人在技术基础上的主导作用,更加注重集体领导和知识贡献。

**3. 电子政务环境下知识管理的内容**

在电子政务环境下,政府知识管理以创新为基础,将获取的各种信息转化为知识,通过网络与信息技术加快知识的流动和使用,并创造经济价值和管理效应。

(1)政务信息资源的整合与共享。政府信息资源的整合,主要是将分散于政府各部门和社会上的信息资源进行整合,如网上联合办公、网上联合审批等内部政务协同,以及现在国家提出来的建设信息资源库等进行整合。通过整合,打破目前各个政府部门及社会上所存在的网络、信息资源、应用等多种信息孤岛问题,实现资源的互联互通,为政府行政和一站式服务的实现提供强有力的支撑。

(2)实现对信息资源的价值提取,加速政府信息化。政务数据资源错综复杂,一般具有海量、异构等特性,要找到真正有价值的信息,难度越来越大。还存在信息的获取、分析、处理、分发手段比较陈旧,更新不及时,陈旧信息较多,内容单调重复,缺乏动态的服务信息和经过加工处理的增值信息,信息提供者与信息使用者互动性差等现象。通过知识管理措施,使相关人员能高效处理政府办公过程中积累下来的大量文件,进而实现事实查询和信息交互,以便决策层正确抉择;同时,对信息进行最适当的分类,使用户方便地进行信息的检索、使用和分析等操作,最终实现对信息资源的价值提取,从而使政府信息化的利益达到最大。

(3)各类数据库及网络平台的建设。借助先进的信息技术,加强各类数据库及网络平台的建设,收集政府各方面的数据和信息,包括法律法规、政策和咨询等,为全社会提供信息服务,实现政府所有信息资源的高度共享,从而使公共信息资源得到加值利用,达到政府知识管理的目标。

4. 基于知识管理的电子政务系统构建的原则

基于知识管理的电子政务系统构建要遵循以下四个原则:

(1)要保证信息和知识畅通流动、充分利用。目前,我国经济社会发展过程中存在着方方面面的问题,而且政府财力有限,因此,我国电子政务必须紧紧围绕国民经济和社会发展中的核心问题、热点问题开展,坚持走具有中国特色的电子政务发展道路,一定不能全盘照搬西方模式。必须对电子政务中知识管理的需求和流程进行全面剖析,建立适应电子政务的知识管理系统。

(2)电子政务建设必须考虑我国社会转型特点。我国社会正处于转型之中,政府职能、业务流程和产业结构中还存在较多不确定因素,电子政务设计和建设要结合这些不确定因素,绝不能从理论概念、理想模型出发。

(3)要与行政管理创新能力相结合。创新是政府职能信息化的需要,它不仅仅局限于行政方法和政务处理流程表面层次上的更新,而且也包括政府制定发展战略和公共政策的创新。这就要求基于知识管理的电子政务系统构建过程中必须融入这种创新需求。

(4)新建系统要与原有应用系统整合、提升。基于知识管理的电子政务系统构建要解决诸如政府部门业务繁多且业务流程不断变化、政府部门物理位置分散、部门间协作频繁、决策过程分散、对业务活动的详细信息和知识的需求日益提高、如何保护政府的原有投资等诸多问题。

### 3.3.5 决策支持系统

随着政府政务建设内部发展的需要和外部竞争压力的不断增加,政府机关建成的各种应用系统也在不断地增加,同时相应的各种业务信息数据与日俱增。但是这样的数据信息不处理是没有应用价值的,政府需要的是能够辅助于政务决策的相关信息,也就是遇到了当今所有行业所面临的"数据海量,知识贫乏"问题。为了使政府的决策者能有效地从收集和捕获到的数据中获得有用的信息,并用于决策,以获得最大效益,就必须建立一个面向电子政务的决策支持系统。

1. 决策支持系统

决策支持系统(Decision Support System,DSS)是结合了计算机技术、信息技术、人工智能、管理科学、决策科学、行为科学和心理学等多门知识的一门交叉学科,研究如何把计算机用于支持管理决策。

2. DSS 的特点

DSS 的主要特点有:

(1)系统的使用面向决策者,在运用 DSS 的过程中,参与者都是决策者。

(2) 支持决策制定过程的全阶段。

(3) 系统解决的问题是针对半结构化或非结构化的决策问题。

(4) 系统强调的是支持的概念,帮助加强决策者做出科学决策的能力,而不是取代决策者。

(5) 系统的驱动力来自模型和用户,人是系统运行的发起者,模型是系统完成各环节转换的核心。

(6) 系统运行强调交互式的处理方式,一个问题的决策要经过反复的、大量的、经常的人机对话,人的因素对系统的决策结果有重要的影响。具有帮助决策者学习的功能。

(7) 可以为个人、群体和团体决策提供支持。

3. 决策支持系统在电子政务中的必要性

国家政府机构在实践电子政务时,政府机构的多个应用系统都是单独直接面向某种政务工作或者某类企业用户群的业务操作系统,系统是由不同开发商设计开发的,系统数据定义各异,系统类型、分布也难做到统一。这些应用系统是为了满足业务受理而开发,业务量大、分析能力有限,统一综合分析受到了极大的制约。决策支持系统可把不同系统的数据经抽取转换到数据仓库中来,对多个系统的历史数据进行综合智能分析,从而辅助领导作出科学决策。近几年随着数据仓库技术的发展成熟,国内多个行业竞相采用基于数据仓库技术的商业智能(Business Intelligence)工具来提高市场的竞争优势。

决策支持系统能够满足从即席查询(Ad-Hoc Query)、复杂报表(Reporting)、OLAP 分析(On—line Analysis Processing)到数据挖掘(Data Mining)内的各种需求。电子政务需要决策支持,决策支持系统能够为政府机构内的每个领域的管理决策人员提供全面、准确、快速的决策信息,对政府的相关业务起到事前决策、事中控制、事后反映效果。

4. DSS 的系统结构

随着人工智能、文献检索及计算机绘图等领域研究成果在决策支持系统的应用,二库结构的决策支持系统也随之不断地增添了新成员,包括知识库或规则库、方法库、案例库、文本库及图形库等。其相应的维护和查询功能则由各自的库管理系统承担。另一方面,随着决策支持系统应用范围的扩大,决策支持系统解决问题的规模也呈现增加的趋势,使得问题库逐渐成为决策支持系统不可缺少的一员。决策支持系统结构一般由以下几部分组成:(如图 3-4 所示)

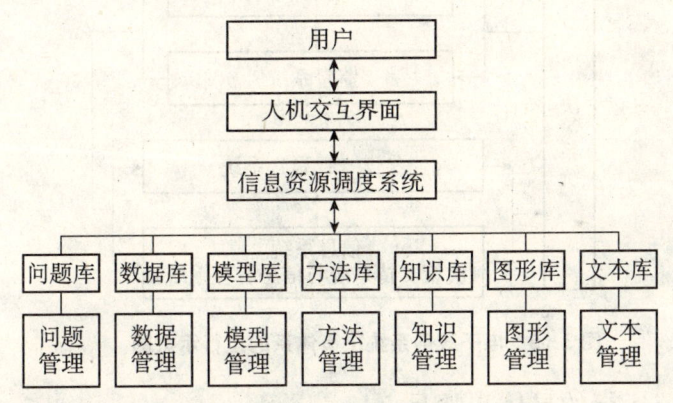

图 3-4　决策支持系统结构

(1)人机交互界面;

(2)问题处理系统和信息资源调度系统;

(3)问题库及其管理系统;

(4)数据库及其管理系统;

(5)模型库及其管理系统;

(6)方法库及其管理系统;

(7)知识库及其管理系统;

(8)图形库及其管理系统;

(9)案例文本库及其管理系统。

**5. 电子政务中的决策支持系统**

(1)电子政务决策体系的构成

电子政务系统不仅可以提高政府部门的办事效率和透明度,还可以利用系统所收集的大量数据,通过建立正确的决策体系和决策支持模型,为各级政府的决策提供科学的依据。图3-5是电子政务系统决策体系的运行示意图。

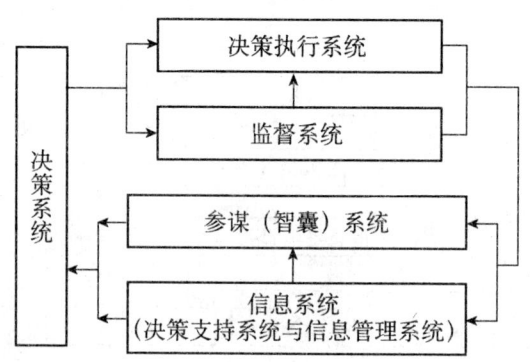

图3-5 电子政务系统决策体系的运行示意图

决策系统运行的具体步骤是:

①智囊系统利用信息系统提供的信息,制定各种可行的决策方案。

②智囊系统通过电子政务系统提供的平台将决策方案上报给决策系统(一般由负有决策责任的领导担任)。

③决策系统将根据信息系统生成的决策信息来确定最优的决策方案,并生成必要的决策指令。

④决策系统通过电子政务平台把决策指令下发给决策执行系统和监督系统。

⑤在监督系统的监督下,由决策执行系统负责贯彻执行决策指令。

⑥决策指令的执行情况和结果将通过信息系统反馈给智囊系统。

⑦智囊系统将根据具体情况向决策系统提供反馈信息或决策修正方案。

⑧决策系统针对反馈信息或修正方案确定新的决策,并下发执行。

由此可以看出,通过把电子政务平台和决策支持系统有机地结合起来,可以大大提高决策的科学性、时效性和适应性。

(2) 电子政务决策支持系统的研究内容

开发基于电子政务平台的决策支持系统需要深入研究以下内容:

①决策建模技术。模型就是对实际系统的特征和变化规律的一种抽象。建模技术是决策支持系统的关键技术。在探索像政府决策这样复杂系统的规律时,首先需要建立一个适当的简化模型,并加以描述;同时在实际运行过程中发现和掌握其本质规律,分析各种因素对科学决策的影响程度,从而为最终确立正确的决策模型提供科学的依据。

②模型库系统。随着社会和技术的发展,各级政府所面临的问题会越来越复杂,所需要的决策模型也将越来越多。有时为解决一个问题可能要涉及成百上千个模型。如何自动组织和协调多模型的运行,以达到更高层次的辅助决策能力,是一个必须解决的问题。

(3) 接口技术。接口技术的研究主要包括两个方面:

①决策支持系统内部各部分之间的接口。主要针对决策模型和数据库之间接口进行研究。

②决策系统与电子政务系统之间的接口。主要研究如何把现有的决策支持系统与电子政务系统有机地结合起来。

(4) 知识表示及推理技术。知识表示和推理是决策支持系统中的关键技术。知识表示是把用自然语言形式描述的信息通过形式化的方法转化为计算机可以识别和使用的形式。目前比较成熟的知识表示方法有谓词逻辑、产生式规则、语义网络、框架、神经网络等。而推理则是根据系统所具有的知识和数据得到新信息的技术。由于政府机关会面临大量的模糊决策问题，这些问题无法通过精确推理来得到唯一解，这就要求电子政务系统必须应用模糊推理技术和不确定推理技术，以辅助有关部门和领导进行决策。

(5) 系统集成技术的研究。现代社会发展变化的速度越来越快，而作为实现社会管理功能的电子政务系统就必须及时反映社会的变化，因此需要着重研究如何把"模型、数据、知识、新技术"结合成一个有机的整体，使系统一方面具有良好的稳定性和可靠性，另一方面又能够反映当前社会和技术发展的最新动态。

(6) 系统开发技术。为使决策支持系统在系统级上实现程序的自动生成，需要大量使用CASE技术和工具来实现系统的快速、高效开发。

(7) 国产化产品。由于电子政务系统涉及到许多政府部门、商业系统以及军事领域的重要数据，因此安全性就成为系统建设的前提。

## 3.4 政务信息资源采集

政务信息资源采集，是指政府部门在各自的职责范围内，以政务信息用户的需求为导向，从有关信息载体内对各种形态的信息选择、采出、提取并加以聚合和集中的过程，即在"需求驱动"下，根据目的和要求将蕴涵、分布在不同时空域的涉及政治、经济、社会、文化领域的各种政务信息采掘和积聚起来的过程。政务信息采集是实现政务信息资源交换共享、提高政务信息资源开发利用水平的前提和基础。

从技术角度看，政务信息资源采集是指利用计算机软硬件技术，针对定制的目标数据源,实时进行政务信息采集、抽取、挖掘、处理,从而为各种政务信息服务系统提供数据输入,并按业务所需,进行数据发布、分析、展示的整个过程。

政务信息资源种类繁多,分布广泛,因此,在信息资源采集过程中,要合理选取恰当的方式进行,针对不同的信息源要借助不同的方法、途径、工具进行采集。目前,我国现有的专业信息资源采集机构偏小,导致政务信息资源采集工作很难满足政府履行职能的需求。政务信息采集要以政府决策作为重要导向,同时为政府决策提供重要支撑。专门研究政务信息资源的采集方法及具体应用,对实现政府部门决策信息高效、有序的获取、获取到的信息为政府更好地履行职责服务等均具有巨大作用。

### 3.4.1 采集方式

政务信息资源采集首先要明确采集对象,一般是特定的政府网站。确定需要采集的网站后,必须择取恰当的采集方式。从技术上讲,网站资源的采集方式主要分为两种:一是推送模式(push model),二是拉取模式(pull model)。

1. 推送模式

所谓"推送模式",是指政府机构(或者授权第三方机构)主动将政府网站的信息资源"推"给保存机构。从采集机构的角度来看,这是被动地接受政务信息资源的方式。

2. 拉取模式

所谓"拉取模式",是指采集机构采用特定软件作为采集工具,以主动的方式获取政府网站资源,随后将获取的信息保存到本地机器。从采集机构的角度来看,这是主动地获取政务信息资源的方式。根据信息资源采集范围不同,拉取模式通常分为三种:全面采集模式(comprehensive collection)、选择采集模式(selective collection)与联合采集模式(combined collection)。

全面采集模式也叫做全面自动采集模式,即采集机构利用机器人(robot)、网络蜘蛛(web spider)、网络爬虫(web crawler)等传统的网络资源抓取工具对选定的政府网站所有信息自动采集。

选择采集模式是采集机构根据政府网站信息资源的分类和性质,譬如资源的价值趋向、业务种类、区域划分以及语言种类等,采用人工干预方法对政府网站信息有选择地甄别和采集。信息资源采选工作中,对不同类型的信息资源选择哪些采集方式进行采选,直接关系着信息资源采集的时效性和准确率。

联合采集模式是把全面采集模式和选择采集模式融合的政务信息资源采集方式。全面采集模式和选择采集模式都有自身难以克服的缺陷,所以无法令人绝对满意。例如,利用全面采集模式获取的信息数量规模巨大,容易导致信息质量难以保证;而选择采集模式又因为采集者各方面的差异,难以保证采用统一的选择标准,所以在选择的标准指导下所获取的信息难以满足研究人员的多方面、多层次的需要。因此,结合二者的优点,以联合采集的方式获取政务信息成为必然选择。

### 3.4.2 信息采集技术

纵观信息采集技术的发展史,出现过许多优秀的技术和方法。根据实现原理及其采用方法的不同,可以把信息采集技术分为五类:

1. 基于自然语言处理(Natural Language Processing,简称NLP)方式的信息采集方法

NLP是人工智能和语言学领域的分支学科,主要探讨如何处理及运用

自然语言。基于 NLP 的信息采集方法研究实现人和计算机用自然语言通信的各种理论和实现方法。

2. 基于本体论(ontology)的方法

ontology 是哲学概念,研究存在的本质的哲学问题。但近几十年里,ontology 概念被应用到计算机界,并在人工智能、计算机语言以及数据库理论中起着越来越重要的作用。将 ontology 技术应用到网页信息采集,主要利用对数据本身的描述实现采集,对网页的依赖程度少,但需要人工干涉,由此带来较大的成本开销,给该技术的普及造成了一定困难。

3. 基于包装器(Wrapper)归纳的方法

Wrapper 归纳工具从一组训练样例中归纳出基于分隔符的抽取规则。首先由用户标记样本实例;对选定的样本实例应用机器学习方式的归纳算法,生成基于定界符的采集规则:面向特定领域的全自动生成技术专用于构建某个特定主题网站或专题数据库;面向多个领域时用在多个特定主题领域,实用性及通用性更强,但仍需人工干预。

4. 基于 Html 结构的方法

该方法根据 Web 页面的 Html 标签结构定位信息,通过特定的解析器将 Web 文档解析成语法树,利用自动或半自动的方式产生采集规则,将信息采集转化为对语法树的操作。

5. 基于统计学习的方法

该方法采用统计学理论,首先构造一个粗模型模拟信息采集过程,通过统计学方法从训练语料中得出该模型的参数,然后用训练好的模型采集待采集语料。很明显,该方法由于要对样本进行学习,故时间较长且实现过程复杂。

### 3.4.3 采集工具

随着政务信息资源采集工作的深入,许多机构都自行研制开发了专门的网站信息采集工具。目前,用于采集政府网站信息的主要工具包括 Heritrix、Archive-It 和 HTTrack 等。

### 3.4.4 深网采集

1. 深网信息采集

所谓"深网信息",通常指虽然在互联网上可以检索到,但是传统的搜索引擎和网络爬虫因为技术的限制而难以自动采集的网页、数据库文件以及其他信息。政府网站通常包含大量的深网信息。许多政府机构采用基于动态的、可供用户检索的数据库存储方式。用户只有通过检索界面这个访问网站数据库的唯一入口动态提交检索请求才能得到相应的信息。另外,政府网站数据库内的信息大多具有一定机密性,尽管公众可以通过检索引擎访问相关信息,但是无法大规模批量采集或拷贝。

2. 技术方法

传统的搜索引擎和网络爬虫,能够通过对网页的技术特征进行分析,帮助发现深网信息的网址和数据库的检索入口。专家可以对这些网址和检索入口进行评估,最后决定是否采集相关信息。如需要采集,则可使用人工方法进行采集。此外,目前,已有一些专门的深网信息搜索和采集工具,包括:

(1) DeepArc。DeepArc 是数据库驱动的深网信息采集工具。它利用 XQuery 从关系数据库中采集信息,按照目标要求重新结构化,将数据库内容转化为 XML 文件并采集出来,从而实现网络中数据库信息的采集和归档。DeepArc 必须由网站出版者安装,使用这一工具的采集人员,必须了解相关的数据库结构和待采集的数据模型。

(2) Deep Harvester。Deep Harvester 是由美国 BrightPlanet 公司开发的深网信息采集工具。与目前市场上的其他采集工具相比,它具备最全面的信息采集功能和标准化模型。它能够采集并处理大约 370 种格式的文档,包括 HTML、PDF、XML、DOC、JPG、TXT,以及电子邮件等文档。此外,它还可以访问并采集机构内网和专网中的信息,能够与目前的主流防火墙和代理服务器相互兼容。除了搜索引擎和网络爬虫等采集工具,保存机构还可以利用元数据对深网信息进行定位和标注,辅助完成深网信息的采集。利用元数据对网络信息进行定位和标注,可以提高检索效率。2003 年,"图书馆馆藏与技术服务协会"开展了名为"元数据采集:利用开放档案计划协议挖掘深网"的项目,其目的在于利用开放档案计划协议,将元数据应用于深网信息的采集。项目实施机构首先从深网站点中捕获其元数据,并将所捕获的元数据存储于本地元数据库中,在此基础上,进行基于存储元数据的统一检索与采集,能够在保证较高采集效率的同时,确保采集信息的完整性。

## 3.5 政务信息资源的交换与共享

信息技术是当今世界经济和社会发展的重要驱动力,信息化的迅猛发展和广泛渗透,推动人类社会生产力和文明迈向一个新的高度。在挑战和机遇并存的环境下,对于我国这样一个具有巨大发展潜力的发展中国家而言,以政府为主导推动信息化,发挥后发优势,缩减与发达国家间的"数字鸿沟",实现跨越式发展,具有重要的战略意义。

电子政务的各种应用系统都离不开庞大的后台政务信息资源的支持,有了充足的信息资源,政府在提高行政效能、节约办公经费,以及为社会提供项目审批、信息发布、市场预测、经济分析、热点分析、法规查询、公众意见处理、咨询反馈等方面才能更快捷、更高效。因此,数字化、网络化的政务信息资源是整个电子政务的基础,是各级各部门电子政务系统实现信息共享、资源优化的前提。信息资源目录体系和交换体系是有效管理海量信息资源不可缺少的核心技术,只有构建完善的政务信息资源目录体系和交换体系,才能使电子政务巨大的社会效益和经济效益有效和合理地发挥出来。

### 3.5.1 政务信息资源目录体系

1. 目录体系的技术基础

面向服务的体系结构(Service-Oriented Architecture,SOA)是一个组件模型,它将应用程序的不同功能单元(称为服务)通过这些服务之间定义良好的接口和契约联系起来。接口是采用中立的方式进行定义的,它应该独立于实现服务的硬件平台、操作系统和编程语言。这使得构建在各种这样系统中的服务可以以一种统一和通用的方式进行交互。这种具有中立的接口定义(没有强制绑定到特定的实现上)的特征称为服务之间的松耦合。松耦合系统的好处有两点,一是它的灵活性;二是当组成整个应用程序的每个服务的内部结构和实现逐渐地发生改变时,它能够继续存在。而另一方面,紧耦合意味着应用程序的不同组件之间的接口与其功能和结构是紧密相连的,因而当需要对部分或整个应用程序进行某种形式的更改时,它们就显得非常脆弱。

面向服务的体系结构对当今软件体系结构的设计产生了极大的影响，也形成了政务信息资源目录体系的技术体系的基础。

2. 目录体系的服务模型

从 SOA 架构出发，政务信息资源目录体系提出了自己的服务模型。如图 3-6 所示。

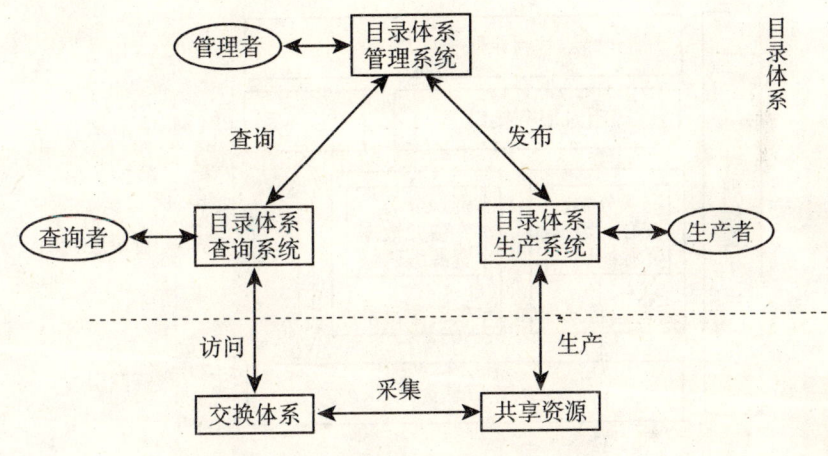

图 3-6 政务信息资源目录体系服务模型

一个完整的政务信息资源目录体系的服务模型由三方组成，即目录生产者、目录管理者和目录使用(查询)者。其中：

①目录的生产者是各委办局或区县政务信息资源业务部门或管理部门，他们负责对本部门产生的政务信息资源进行元数据编目，将编目数据保存在本部门的元数据库中，然后通过注册机制，将本部门的元数据注册到目录管理者的目录系统中。

②目录的管理者根据各种分类体系构建相关的目录库，审核生产者提交的元数据，并将其列入相关目录下发布，同时维护和管理目录库以及整个目录体系。

③目录的使用(查询)者通过目录体系提供的查询和检索工具，查询所

需的目录信息,并根据目录信息的指引,在一定的权限范围内访问相关的信息资源。

### 3. 目录体系的体系结构

如图3-7所示,目录体系总体技术框架主要包括资源层、目录层、服务层、应用层,具体描述如下：

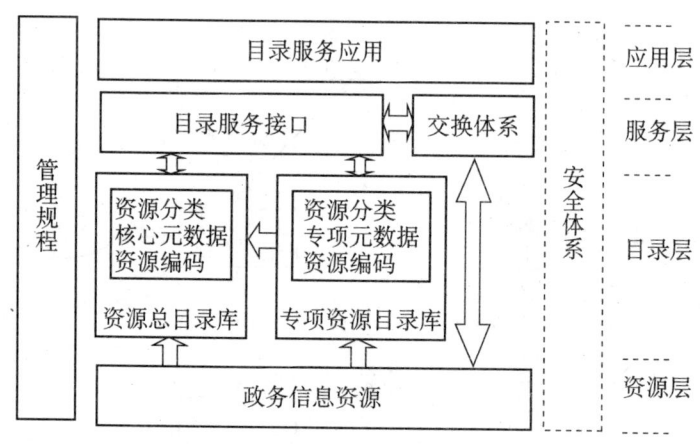

图3-7 目录体系总体技术框架

①资源层是指各级政府部门可以公开和可以在部门间共享的政务信息资源,包括各类共享信息库、共享文件库、门户网站等资源。

②目录层包括专项资源目录库和共享资源总目录库。各级政府部门可以根据协同应用的需要建立部门间共享指标项目目录库,根据对公服务应用的需要建立门户网站服务目录库,根据本领域应用特点建立相应的专项资源目录库。随着专项资源目录库建设的不断成熟,共享资源总目录库也逐渐形成。

③服务层主要包括目录体系向应用层或其他应用系统提供各类应用服务接口,以方便应用的调用、目录体系与交换体系的互通、目录体系之间的信息交换和访问。

④应用层是目录服务向用户的展示层。用户使用应用层提供的各类工具进行信息资源的检索、查询、访问,也可进行信息资源的著录和注册,以及对目录库进行管理。

4. 功能体系

从目录体系总体技术框架出发,一个完整的政务信息资源目录系统由数据层、元数据管理层、目录管理层和接口层组成。

(1)数据层

数据层包括核心元数据库、内容元数据库及服务元数据库和目录数据库。核心元数据库提供分节点基本注册信息和所提供的元数据类别描述信息,它由信息化工作主管部门集中管理,用于对外提供元数据目录服务。内容元数据库提供完整的政务信息资源元数据,由各分节点采集和管理。目录数据库是存储目录体系的目录信息。服务元数据库遵从 UDDI 2.0 规范,建立 UDDI 数据库管理政务信息资源的服务信息。

(2)元数据管理层

元数据管理层主要实现元数据的编目、审核、发布以及查询功能,同时实现对元数据自身的增加、删除和修改功能。具体包括元数据查询、元数据注册、元数据发布、元数据授权等功能。

(3)目录管理层

目录管理主要实现从元数据生成目录到目录浏览、检索的全过程的管理,包括目录浏览、目录检索、目录生成、目录注册、目录的增加、删除和修改功能。

(4)接口层

接口层包括元数据服务接口和目录服务接口,主要有元数据管理接口、目录管理接口以及服务注册接口、用户接口等。

### 3.5.2 政务信息资源交换体系

政务信息资源交换体系是与政务信息资源目录体系密切相关的概念，二者经常以"政务信息资源目录和交换体系"同时出现，因此，有必要厘清二者的关系。

政务信息资源交换体系是以统一的国家电子政务网络为依托，支持跨区域、跨部门政务信息资源交换与共享的信息系统。政务信息资源交换体系由一系列交换结点组成，它们依托统一的电子政务网络，通过采用一致的信息交换协议，实现跨地区、跨部门业务应用系统之间的信息资源交换。"政务信息资源交换体系"和"政务信息资源目录体系"两者关注的政务信息资源的类型以及所面向的用户都有很大差别，它们之间的关系是既密切联系又相对独立的。

基于政务信息交换体系与政务信息目录体系进行数据交换的流程如图3-8所示。

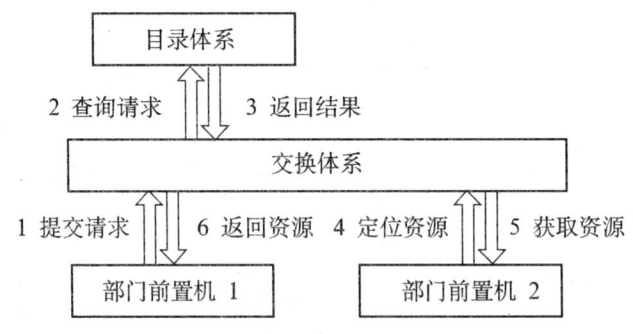

图3-8 通过目录的数据交换过程

通过图3-8可知，通过目录的数据交换过程主要包括以下六步：
(1)需要资源的部门系统提出获取资源请求；

(2) 交换平台获取请求后,查询目录;

(3) 目录返回结果给交换平台,包括资源名称、负责方、需求方、资源格式信息(字段属性)、在线资源链接地址(获取资源的服务地址或接口地址);

(4) 交换平台根据目录返回的结果定位资源;

(5) 交换平台根据服务地址或接口获取资源;

(6) 交换平台将获取的资源返回给需求方。

### 3.5.3 政务信息资源共享

如何实现政务信息资源的充分、无障碍共享是电子政务信息资源共享机制重点研究的内容。建立合理的电子政务信息资源共享机制可以使政府通过网络系统与外界进行沟通交流,实现政府信息彻底地网络化管理,使社会公众能够公开、公平地获得政务信息。

1. 共享内容

信息资源共享的内容主要分为显性信息资源和隐性信息资源。信息资源具有的显性特征要求信息必须做到透明、实效,它一方面是为政府部门实施管理行为,另一方面是为社会公众提供优质服务。透明是对政府的法制约束,主要指政府有关部门制定的各项管理规章制度和相应措施,都必须是有法可依、有章可循,能够切实体现出依法行政、依法治国的治国方针。实效是对政府的服务准则要求,主要指政府部门应以及时、高效地为人民服务为宗旨,不断提高服务能力和服务水平,能充分体现"人民公仆"的意识和风范。

隐性信息资源的共享则强调部门领导头脑中知识、信息的外在客观化的过程。它一方面要求将流行于行政部门的办公方式公开化,接受群众的监督,促进部门的廉政建设;而另一方面是这些隐性的信息资源可在实际生活中发挥积极的作用,为社会公众带来实实在在的利益,其关键在于隐性范围的确定和具体挖掘。因隐性信息资源具有隐蔽性、主观性、内在性等特点,因此对隐性范围的界定成为首要问题。隐性信息资源的认定可采用主客观结合,定性、定量指标平行进行综合评测。当隐性信息资源范围确定后,就可以借助相关工具对其进行充分地挖掘,通过各种管理、技术等途径将其外在化、客观化,从而为公众共享提供方便。

2. 共享实现

不同的共享内容决定了在共享时势必也采用不同的共享方式。一般情况下,政府部门采用的公告栏、广播、电视等传统共享方式,随着云计算、物联网等新技术的出现,现代化的网络发布手段也逐渐参与到政务信息共享过程中。

(1) 显性资源共享

政府部门可根据不同类型的信息资源采用不同的共享方式,使显性信息资源得到共享。

①组织机构信息。如政府各部门职责权限、办事流程、监督方式等信息向社会公众全面公开,实施完全共享。机构信息的共享,保障了民众的知情权、参与权和监督权,有利于民众监督政府部门正确地行使行政权力,实施依法行政,防止权力滥用;

②政务活动。党务、政务公开是当前党政工作的一个重要内容,上级很多检查都将其列为重要项目,不可缺少。除保密事项外的其他党务、政务事项实现公开可以增强工作透明度,及时向干部群众传达上级和本单位党务及政务上的最新方针政策,避免因传达不及时导致干部群众对方针政策产生误解,更好地促进各项工作的进展。

③具体事务信息。这是政府与公众沟通的桥梁,要尽可能详细、完全

地公开,让公众充分了解各种事务信息,方便公众办事。

④参考资料。这类信息内容多、类型复杂,其共享须是有选择性的,如牵涉国家机密、个人隐私等的参考资料则不能共享。

(2)隐性资源共享

由于行政部门的工作人员和领导的身份的特殊性和从事工作的关键性,使其拥有大量的对社会有着极大好处的隐性信息资源。因隐性资源本身的隐蔽性使其难以采用有形的工具、技术手段实现共享,而只能采用一些特殊的方法将内部共享的成果编码化、显性化后转化为显性资源进行全社会共享,同时还应有相应的技术和人力资源共享。电子政务是一项系统化的社会工程,在实施过程中,可对政务信息资源进行整理,使这些信息资源被公众借鉴使用,在经济活动、日常生活、企业生产等方面发挥积极的作用。

# 第 4 章

# 电子政务应用系统开发

## 4.1　电子政务应用系统开发概述

一个完整的信息系统一般包括计算机硬件、系统软件和应用软件,人们通常将应用软件称为应用系统。本书所称的应用系统引用了这一惯例,特指应用软件。对于什么是电子政务应用系统,这一问题目前没有标准答案。很多专家和从业人员从不同的角度对电子政务应用系统给出了不同的定义。最宽泛的定义认为所有政府出资开发的应用系统都属于电子政务应用系统。而有的人则认为电子政务系统应该从用户角度来定义,认为处理政府业务的应用系统都是电子政务系统。

## 4.2　电子政务应用系统开发技术

### 4.2.1　政务系统开发常用程序设计语言

在介绍政务系统开发常用程序设计语言之前,首先要了解几个重要概念。

1. 程序设计语言

计算机程序设计语言通常简称为程序设计语言或编程语言,是一种被设计用于与计算机进行交互的人工语言,是程序设计人员与计算机交流的一组规则,编程人员通过程序设计语言定义软件在特定的条件下应该做出何种动作和反应。程序设计语言可以用来建立软件程序,控制计算机的行为,执行精确的计算。

程序设计语言的种类非常多,有的具有较强的通用性,有的则需要特定的机器和环境。

最早的程序设计语言出现的时间甚至早于通常意义上的计算机的发明。当时程序设计语言被用于指挥电子设备的行为,早期程序设计语言编写的程序往往是不能通用的,必须依赖于特定的设备,所以又被称为低级语言。现在,早期程序设计语言仍然常被应用于一些特定的需求环境中,鉴于电子政务应用系统的开发中极少需要用到早期语言,所以本书对此不作深入介绍。

与早期程序设计语言或者低级语言相对的另一个概念是高级程序设计语言。高级语言相对于早期程序设计语言的一个显著进步就是不再过度地依赖某种特定的机器或环境。早期程序设计语言所编写的代码是直接被机器"阅读"并执行的,而高级语言的表现形式比较接近自然语言和数学表达式,便于程序设计人员理解和运用,用高级语言编写的程序被称为"源程序"或"源代码",机器不能直接阅读和理解。由高级语言编写的"源程序",需要经过一定规则的翻译,使之成为机器指令,才能被计算机识别和执行。通常有两种方式可以将高级语言编写的程序翻译为机器指令,一种是编译,一种是解释。所以高级语言之所以不再依赖特定的机器和环境,就是因为高级语言在不同的平台上会被编译或解释成不同的机器语言,而不是直接被机器执行。

2. 面向过程编程与面向对象编程

面向过程的编程与面向对象的编程是目前最主要的两种程序设计方法。两者的主要区别在于如何看待所面临的问题和设计将要编写的软件。

在面向过程的编程方法中,基本单元是过程。它将所面临的问题看成是一个过程的集合体。以企业名称登记为例:按照面向过程的编程方法进行分析,这一事件包括企业填写申请表格的过程、企业提交表格的过程、工商部门接收表格的过程、工商部门对表格内容进行审核的过程、工商部门将审核结果反馈给企业的过程。

而面向对象的程序设计方法中,基本单元是对象。它将所面临的问题看成是一个对象的集合体,这些对象各自具有一定的特征和功能。一个对象可以接收并理解从其他对象传递过来的信息,并做出相应的动作进行回应或作为输出。还是刚才的例子,按照面向对象的编程方法进行分析,这一事件包括了企业、表格、工商部门三个对象。企业具有填写表格的功能、向工商部门提交表格的功能、接收工商部门反馈信息的功能,表格具有接受企业信息并进行保存和展示的功能,工商部门具有接收表格的功能、审核表格所展示的信息的功能、向企业反馈结果的功能。

3. 电子政务系统开发常用语言

在电子政务系统的开发中常用的程序设计语言一般是高级语言。本节将介绍目前信息技术领域应用最为广泛的三种高级程序设计语言:C/C++、Java、C#。这三种语言也是电子政务应用系统开发最常用的。

#### 4.2.1.1　C/C++语言

1. 基本介绍

C和C++实际上是两种语言,但是由于它们之间具有非常紧密的联系,所以在很多的书籍和教材中,都将它们放在一起进行介绍。

C语言是由美国贝尔实验室于1972年推出的一种高级程序设计语言由早前程序设计语言BCPL演变而来,是一种典型的面向过程的编程语言。它可以作为工作系统设计语言编写系统应用程序,也可以作为应用程序设计语言编写不依赖计算机硬件的应用程序。它的应用范围广泛,具备很强的数据处理能力,不仅仅是在软件开发上,而且各类科研都需要用到C语言,适于编写系统软件及三维、二维图形和动画。在C语言出现的初期,曾经出现过很多版本,各个版本在一些细节上各有不同,后来美国国家标准研究所(ANSI)为 C 语言制定了一套 ANSI 标准,对各种版本的 C 语言进行了统一。

C++语言的出现也是在美国贝尔实验室,1979 年,贝尔实验室的 Bjarne Stroustup 对 C 语言进行了大量改进,进行了面向对象、操作符重载、异常捕获等一系列强化。最初被命名为"具有类的 C"(C with Classes),1983 年被正式命名为 C++。现在 C++已经是最流行的程序设计语言之一,应用范围包括操作系统、应用软件、设备驱动、嵌入式系统、高性能服务器、客户端程序,等等。

2. C/C++语言的优缺点

上文曾提到,高级语言编写的源程序无法被计算机直接识别,需要经过编译或者解释,形成机器指令才能被执行。所以 C/C++语言所编写的程序必须经过编译才能被执行。C 和 C++都是编译型软件,采用 C/C++编写的"源程序"需要经过一个叫"编译器"的工具进行编译,才能转换成可执行软件。

C/C++有一个非常显著的优点,那就是它既具有高级语言的表现形式,又具有很多低级语言的功能。C/C++的语法跟所有高级语言一样,接近人类的自然语言,同时由于 C/C++语言中指针的存在,它们编写的程序又可以像低级语言编写的程序一样访问机器的物理地址,直接对硬件进行操作。指针是 C/C++的一大特色,可以说是 C/C++语言优于其他高级语言的一个重要原因。就是因为它有指针,可以直接进行靠近硬件的操作,但是 C 的指针操作不做保护,也给它带来了很多不安全的因素。C++在这方面做了改进,在保留了指针操作的同时又增强了安全性,受到了用户的支持。除此之外,C/C++还具有比如简洁精练、数据结构丰富、编程自由度高、程序执行效率高、图像处理能力强等优点。

但是C/C++也存在移植性较差、复用性不高、语法限制不严格等不足。移植性较差的问题导致C/C++所编写的软件不能跨平台使用。比如在Windows下编写的软件,无法在Linux环境下执行,必须经过Linux平台下的编译器重新编译,生成新的可执行软件才能运行。复用性不高的问题带来的影响是软件开发效率不高、质量问题和成本问题。语法限制不严格则会给源代码的安全性、可阅读性带来挑战。

C/C++在程序设计领域一直都被高频度地使用,尤其是桌面应用软件和相对底层的软件,大多采用C/C++编写。比如目前我们所使用的Windows和Linux操作系统的大部分内容都是采用C/C++语言编写的。

3. C/C++常用集成开发环境

用C/C++程序可以直接在记事本中编写,保存为C/C++源代码文件格式(后缀名为.cpp或.c),然后调用编译器进行编译,生成可执行软件。但是这种方式比较复杂,不适合进行软件产品的开发。程序设计人员在开发软件时常用集成开发环境作为工具进行开发。

集成开发环境(IDE,Integrated Development Environment),是一种软件开发的工具,所谓集成是指这种工具中包括了代码编写、分析、编译、调试等各种功能于一体。为了能实现这些功能,集成开发环境一般包括代码编辑器、编译器、调试器和图形用户界面工具。所有具备这一特性的软件或者软件套(组)都可以叫集成开发环境。

在Windows平台下采用C/C++实施软件开发,首选的集成开发环境(IDE)自然是微软公司提供的Visual C/C++,它包含在Microsoft Visual Studio之中。可以说Visual Studio是目前功能最为强大的Windows环境下的集成开发环境,是需要付费使用的商业软件,且价格不菲。如果无法承受VS的成本,还有其他一些开源的产品可以选择。如在Windows下搭建Eclipse+CDT+MinGW,Linux和Unix下可以使用Eclipse＋GCC++,这些都是免费的。

4. 电子政务应用系统开发中的C/C++

就电子政务领域而言,C/C++语言几乎可以应用于电子政务的所有应用系统开发。但是由于在 Web 表层应用开发方面,采用 C/C++进行开发相对比较复杂,所以在电子政务领域通常被用于开发相对较底层基础软件或部分应用软件,包括:富客户端的电子政务系统、安全认证工具、安全中间件、桌面应用软件、移动终端的系统软件和应用软件、电子政务外围设备的驱动等。比如说,我们常见的"一卡通"或"市民卡"的 POS 终端系统、视频会议或视频监控系统终端的控制系统、城市管理部门常用的便携式设备的操作系统等,大多采用 C/C++语言进行开发。

### 4.2.1.2 Java 语言

Java 语言是由 Sun 微系统公司(现已被甲骨文公司收购)于 1995 年发布的一种典型的面向对象的程序设计语言。Java 沿用了很多 C/C++语言的语法,继承了 C/C++作为高级语言易于理解、容易使用的优点,同时针对其不足做了大量改进,放弃了部分底层操作能力。

Java 分为 JavaSE(标准版,面向初学者与桌面开发)、JavaEE(企业版,也称 J2EE,面向企业级开发、网络开发,包括了为人熟知的 JSP,并包含了 JavaSE 的所有内容)、JavaME(微型版,为手机、PDF、机顶盒、消费家电等嵌入设备开发),目前还有正在发展的 JavaFX(一种富 Internet 应用程序开发的脚本语言)。Java 的运行环境是 JRE,开发环境是 JDK,均可以在其官方站点下载。开发平台的构建较为简单,开发者下载并安装 JDK,并对系统环境变量进行相应配置即可。最重要的是它们都是免费、开源的,而 Java 不需要指定集成开发环境(IDE)JDK 和记事本足以完成。

SUN 公司在 1998 年发布 JDK1.2 版本时,使用了 Java2 Platform 的

名称,此后的版本均被称为 Java2 平台。Java 的三个版本,也分别被称为 J2SE、J2EE 和 J2ME。

1. Java 的优缺点

相对于 C++而言,Java 有两点改进最为显著。第一就是可移植性大大提高。Java 语言有一个非常响亮的口号就是 WORA(Write Once,Run Anywhere)一次编写,随处执行。虽然目前实际上 Java 并没有完全做到这一点,但是 Java 的可移植性相对于 C/C++确实有了极大提高。要解释 Java 为什么会具有这样的优点,就必须提到 Java 语言编的写源程序的执行机制和 Java 虚拟机(Java Virtual Machine,JVM)。

上文曾介绍过,C/C++是编译型语言,即源代码需要经过编译,生成可执行软件才能执行,由于编译器存在于特定的平台,所以编译出来的可执行软件也只能在特定平台上执行。而 Java 是编译解释型语言,由 Java 语言编写的源代码不会被直接编译成可以在机器上执行的目标机器码,而是被编译成一种可以在 Java 虚拟机上执行的被称为字节码的目标代码,字节码再被 Java 虚拟机解释为机器可以识别的内容。

Java 虚拟机,从名称上就可以看出,它是一个虚拟的机器,作用是对字节码进行解释执行。所以只要平台上安装了 Java 虚拟机,无论这个平台是什么,都可以执行 Java 编写的软件。而 Java 虚拟机是与平台相关的,比如 Windows 平台的 JVM 不能安装在 Linux 平台上。

从 Java 源程序的执行过程我们可以想象得到,Java 语言开发的软件的执行效率肯定会低于 C/C++语言开发的软件。但是随着计算机硬件性能的大幅提升,这种效率上的不足可以弥补。

Java 的第二个显著提高就是更完全地面向对象。C 语言是一种面向过程的编程语言,而 C++在 C 语言的基础上增加了面向对象的特征,具有了一定的面向对象的能力,但是还不是完全的面向对象语言。而 Java 在最初就是作为一种完全的面向对象的程序设计语言而开发的。

2. Java 语言常用集成开发环境

由于 Java 语言的开源特性，它的集成开发环境非常多。应用最广泛的当属开源的 Eclipse 和商用的 JBuilder。

Eclipse 最初是由 IBM 开发的，后来被贡献给开源社区，成为了一个应用非常广泛的开源集成开发环境。Eclipse 是一个可扩展的开放式的开发平台，具有非常高的灵活性。其本身只是一个框架和一组服务，很多功能都是通过插件实现的，有了 Eclipse 提供的框架和服务，任何人都可以根据需要开发自己的插件，集成到 Eclipse 中使用。很多程序设计师和爱好者将自己开发的插件免费共享到互联网，现在 Eclipse 已经发展成了一个庞大的联盟，全世界有一百多家非常具有实力的软件企业参与到 Eclipse 项目中来。还有很多公司以 Eclipse 为内核开发商用的 IDE，其中较为著名的是 MyEclipse，适用于 J2EE 应用的开发。

JBuilder 是 Borland 公司开发的针对 Java 的开发工具。它是一个商业软件，提供了大量技术支持，并且有自己独立的开发工具，不需要插件调用，在功能上比 Eclipse 更完善、更强大，但是由于它是商业软件，所以使用 JBuilder 必须付费。

除了 Eclipse 和 JBuilder 外，其他的 Java 集成开发环境还有 JCreator、Java Studio 等。

3. Java Web 应用开发平台——J2EE

Java Web 应用开发平台又称为 Java 平台企业版（Java Platform Enterprise Edition，Java EE 或 J2EE）。J2EE 的核心是一组技术规范，之所以被称为企业版是因为它所针对的应用很多都是企业级的或者原始需求是由企业提出的。比如，数据库连接、邮件服务、事务处理等。

J2EE 使用多层的分布式应用模型,应用逻辑按功能划分为组件,各个应用组件根据它们所在的层分布在不同的机器上。事实上,Sun 设计 J2EE 的初衷正是为了解决两层模式(client/server)的弊端。在传统模式中,客户端担当了过多的角色而显得臃肿,在这种模式中,第一次部署的时候比较容易,但难以升级或改进,可伸展性也不理想,而且经常基于某种专有的协议,通常是某种数据库协议,它使得重用业务逻辑和界面逻辑非常困难。现在 J2EE 的多层企业级应用模型将两层化模型中的不同层面切分成许多层,一个多层化应用能够为不同的每种服务提供一个独立的层。J2EE 典型的四层结构包括:运行在客户端机器上的客户层组件、运行在 J2EE 服务器上的 Web 层组件、运行在 J2EE 服务器上的业务逻辑层组件、运行在 EIS 服务器上的企业信息系统(Enterprise Information System)层软件。

4. J2EE 的优点

(1)保留现存的 IT 资产

由于政府必须适应新的电子政务应用需求,利用已有的电子政务信息系统方面的投资,而不是重新制定全盘方案就变得很重要。J2EE 架构具有高度的可扩展性,可以充分利用用户原有的投资。由于基于 J2EE 平台的产品几乎能够在任何操作系统和硬件配置上运行,现有的操作系统和硬件也能被保留使用。

(2)高效的开发

J2EE 允许把一些通用的、很繁琐的服务端任务交给中间供应商去完成。这样开发人员可以集中精力在如何创建业务逻辑上,相应地缩短了开发时间。

(3)支持异构环境

J2EE 能够开发部署在异构环境中的可移植程序。基于 J2EE 的应用程序不依赖任何特定操作系统、中间件、硬件。因此设计合理的基于 J2EE

的程序只需开发一次就可部署到各种平台。这种典型的异构在电子政务的计算环境中是十分关键的。J2EE 标准也允许客户订购与 J2EE 兼容的第三方的现成的组件,把它们部署到异构环境中,节省了由自己制订整个方案所需的费用。

(4) 稳定的可用性

一个服务器端平台必须能全天候运转以满足用户的需要。因为 Internet 是全球化的、无处不在的,即使在夜间按计划停机也可能造成严重损失。若是意外停机,那会有灾难性后果。J2EE 部署到可靠的操作环境中,它们支持长期的可用性。一些 J2EE 部署在 Windows 环境中,客户也可选择鲁棒性更好的操作系统,如 Sun Solaris、IBM OS/390。鲁棒性最好的操作系统可达到 99.999% 的可用性或每年只需 5 分钟停机时间。这是对可靠性要求较高的政务系统理想的选择。

由于 Java 具有面向对象、安全、跨平台、强大稳健等特点,已经成为目前最为流行的程序设计语言与环境。语言风格较为接近 C++ 与 C#,而最为人熟知的便是跨平台性。Java 的跨平台性已得到了广泛的认可,在计算机的各种平台、操作系统,以及手机、移动设备、智能卡、消费家电的应用均已非常成熟。

### 4.2.1.3  C#语言

C#,读作 C Sharp。微软的 C# 就好似是 C++、Java、Delphi 与 Visual Basic 的结合体,是新兴、易学、强大的程序设计语言,它更像 Java 完全面向对象,开发与运行都在 .NET Framework 环境中。使用微软强大的 Visual Studio 集成开发环境,这是快速开发 Windows 平台桌面应用程序的最好选择。不过 C# 编译后的程序如 Java 一样是中间语言,运行程序的计算机需要安装 .NET Framework 运行环境。

开发C#程序，使用微软的 Visual Studio 是最好的，也是几乎唯一的选择，同 Visual C++ 的环境搭建基本雷同，在此不再复述。目前.NET环境已经发展到3.5，C# 已经发展到 C# 4.0，学习 C# 请选择一本实时性、专业性、全面性的好教程。微软的 Visual Studio 2012 也已经发布，届时将搭载更为强大的 C# 语言与集成开发环境（IDE）。

### 4.2.2 通用技术框架

#### 4.2.2.1 SSH

SSH 是 Java 平台下的一种 Web 应用系统框架，它是一个完全开源的框架，所有的组件都可以免费获得。SSH 的三个字母分别指 Struts、Spring 和 Hibernate。其中 Struts 重点关注表现层的流程控制，Spring 的重心在于业务逻辑层，而 Hibernate 则是非常灵活的数据访问层映射框架。虽然 Struts、Spring、Hibernate 三者共同构成 SSH 框架，但实际上这三者各自都可以被称为框架。它们之间是既相互独立又可以紧密合作的关系，并不因为各自关注不同的软件架构层面而相互依赖。

1. Struts

Struts 是一个开源项目。它通过采用 Java Servlet/JSP 技术，实现了基于 Java EE Web 应用的 MVC(Model View Controller)设计模式的应用框架，是 MVC 经典设计模式中的一个经典产品。

在 Struts 中，Model 即模型由命名为 Form 的实体类充当，负责封装数据模型；Controller 控制器由名为 ActionServlet 的行为控制类充当；View 视图则是一个 JSP 动态页面。这三者的关系保存在 Struts 专有的 struts-config.xml 文件中。

Struts 的一个显著优点就是它完整地实现了 MVC 模式。采用 Struts 开发了应用系统，数据模型、显示、控制可以相对独立地变化，这样就提高了应用系统对业务变化的响应能力。比如，当流程发生变化，但是数据模型和显示没有变化的时候，可以单独对控制器进行变动。同样如果数据模型或显示发生变化，但控制流程没有变化的时候，也可以单独地对显示和数据模型进行改动。

2. Spring

Spring 是一个为了解决企业应用开发的复杂性问题而创建的开源框架。应用汇总 Spring 主要关注于业务逻辑层面的控制，但实际上它可以应用于 J2EE 各个层次的解决方案，可以贯穿表现层、业务逻辑层和数据持久层。

3. Hibernate

Hibernate 是一个开放源代码的对象关系映射框架，它对 JDBC 进行了非常轻量级的对象封装，使得 Java 程序员可以随心所欲地使用对象编程思维来操纵数据库。当前市场上主要的数据库产品都是采用的关系型数据库，关系型数据库是用二维表格的形式来存储和管理数据的。表之间可以相互关联，关联后的数据可以方便地进行提取和编辑。在关系型数据库中，行被称为记录，列被称为字段。比如：一张包含了姓名、性别、年龄的人员信息表，它的列就是姓名、性别、年龄，"张三、男、29 岁"就是一条记录。人员信息表可以管理很多个人员的信息，还可以跟工资、绩效等数据表相关联。

在上一小节曾经介绍，Java 是面向对象的编程语言，如果不对关系数据库进行对象关系映射，要对人员信息表进行编辑就需要在代码中嵌入数据库操作的 SQL 语句，增加了系统开发的复杂度，对后续的维护、扩展也非常不利。采用 Hibernate 进行对象关系映射，将关系型数据库映射成数据对象，程序员可以像操作实体对象一样对关系型数据库进行操作，开发效率得到了极大改善，代码的可读性也非常高，所以在采用 Java 进行系统开发时，程序员大多都会使用 Hibernate 来帮助完成数据库访问。

Hibernate 可以应用在任何使用 JDBC(Java Database Connect，数据库连接)的场合，既可以在 Java 的客户端程序使用，也可以在 Servlet/JSP 的 Web 应用中使用，已经成为了事实上的标准。

#### 4.2.2.2 面向服务的架构 SOA

1. 简介

面向服务的架构(Service-Oriented Architecture，SOA)是当前非常热门的一个概念。SOA 是一个组件模型，它将应用系统的不同功能单元定义为服务。在 SOA 中服务之间通过简单、定义精确的接口进行通讯，形成一种粒度较大的松耦合架构。接口是采用中立的方式进行定义的，它独立于实现服务的硬件平台、操作系统和编程语言。这使得构建在各种这样的系统中的服务可以以一种统一和通用的方式进行交互。

这种具有中立的接口定义(没有强制绑定到特定的实现上)的特征称为服务之间的松耦合。松耦合系统的好处有两点，一点是它的灵活性，另一点是，当组成整个应用程序的每个服务的内部结构和实现逐渐地发生改变时，它能够继续存在。

2. SOA 在电子政务应用系统中的作用

电子政务系统是一个复杂的系统，在电子政务环境中存在各种不同的基础软件平台、应用软件技术、软件框架技术，要实现真正的信息共享和业务协同，必须克服这些差异。重新建立一个统一的电子政务环境显然是不可能的,而 SOA 就是解决这些差异的一个良好选择。

SOA 协同软件所实现的功能包括了知识管理、流程管理、人事管理、客户管理、项目管理、应用集成等,它可以从组织外部访问,而且具有标准化的服务接口,随时可以调用,是实现跨部门业务协同的有效解决方案。

### 4.2.2.3 地理信息系统(GIS)

1. 简介

地理信息系统是以地理空间数据库为基础,在计算机软硬件的支持下,运用系统工程和信息科学的理论,科学管理和综合分析具有空间内涵的地理数据,以提供管理、决策等所需信息的技术系统。简单地说,GIS 是综合处理和分析地理空间数据的一种技术系统,是以测绘测量为基础,以数据库作为数据储存和使用的数据源,以计算机编程为平台的全球空间分析即时技术。地理信息系统作为获取、存储、分析和管理地理空间数据的重要工具、技术和学科,近年来得到了广泛关注和迅猛发展。

从应用系统开发的角度,关注的是 GIS 的软件和数据。经过多年发展,我国的 GIS 软件和数据技术市场也已比较成熟。现在市场上 GIS 软件产品较多,国内比较成熟的有 SuperMap GIS5.0、MapGIS7.0,这两个产品都属于 GIS 基础平台产品,得到了国家各种科技计划的大力支持,基于这两个产品可以开发各种 GIS 应用系统。

2. GIS 在电子政务中的应用

在电子政务应用领域,GIS 具有非常广泛的应用范围,包括:国土、农林资源管理,城市规划和管理,土地信息系统和地籍管理,生态环境管理,应急响应,城市管理,交通管理,可视化应用,等等。

## 4.3　中间件技术

中间件是用来描述网络连接管理软件的一个概念。广义上说,中间件就是中间层软件,即操作系统和应用软件之间的中间层次软件,主要目的是为应用软件提供支撑。但是这一定义太宽泛,精确一点可以把中间件定义为处于操作系统和应用软件之间,具有标准协议和接口,解决异构网络环境下分布式应用软件的通信、互操作和协同问题的中间层软件。

可以看到,即便是按照狭义的定义,中间件包含的内容仍然非常广泛,本书重点介绍在电子政务应用系统开发中常用的几类中间件:应用服务器、消息中间件、工作流服务器(中间件)。

### 4.3.1　应用服务器

本节所描述的部署平台是指电子政务应用系统部署所用的软件服务器,这些软件服务器又被称为Web服务器和应用服务器。在政府采购信息化设备的时候,设备清单中经常会有"服务器"这个概念出现。设备采购时所提到的服务器,实际上是网络服务器,是应用系统部署的计算机硬件。一个应用系统要能在互联网上被用户访问,除了要有网络服务器硬件及网络操作系统外,还需要一个中间层的软件,通过网络协议将应用系统通过一定的端口暴露于互联网,这样用户才能对应用系统进行访问和交互。

刚才在介绍中提到,软件服务器又被称为Web服务器和应用服务器。在早期,Web服务器和应用服务器是存在显著区别的,它们之间的区别主要在于是否支持动态内容。但是随着技术的发展,动态网页已经成了Web

应用系统的绝对主流,纯静态的 Web 系统已经极少存在了,所以现在两者之间的界限也越来越模糊,通常人们将它们统称为 Web 应用服务器。下面将介绍几种常见的电子政务应用服务器。

#### 4.3.1.1 Tomcat

Tomcat 服务器是一个免费的开放源代码的 Web 应用服务器。它是基于 Java 语言的一个轻量级应用服务器,运行 Servlet 和 JSP 应用软件。因为 Tomcat 技术先进、性能稳定,而且免费,因而深受 Java 爱好者的喜爱并得到了很多软件开发商的认可,成为目前比较流行的 Web 应用服务器,现在采用 Java EE 平台开发的网站和轻量级网络应用系统有相当一部分都采用 Tomcat 部署。目前最新的 Tomcat 版本已经发展到 8.0 以上。

之所以说 Tomcat 是一个轻量级应用服务器,是因为一方面它运行时占用的系统资源小,支持负载平衡与邮件服务等应用系统常用的功能,另一方面也是因为它无法支持较大的企业级网络应用。

电子政务领域对 Tomcat 应用最多的就是采用 Java 技术开发的政府门户网站,以及一些比较简单的应用系统。

#### 4.3.1.2 JBoss

JBoss 也是免费的、开放源代码的应用服务器,而且与 Tomcat 一样,它也是基于 Java 的。在 Java EE 应用服务器领域,JBoss 是发展最快的,因为它对所有程序爱好者开放源代码,任何人都可以为它增添所需的功能。JBoss 与 Tomcat 的不同之处在于,JBoss 对企业级应用系统具有非常好的支持,大型业务逻辑组件和中间件都可以在 JBoss 下得到支持。JBoss 是典型的应用服务器,所以在它的核心服务中,不包括 Web 服务,在实际应用中 JBoss 常与 Tomcat 绑定使用,即在 JBoss 中内含一个 Tomcat。

JBoss 除了免费、运行稳定、所占的资源比较合理外,还有两个非常重要的优点,使技术人员经常采用它作为应用服务器的解决方案。首先就是它支持热部署,当有新的服务组件需要部署时,只需将封装服务的 JAR 文件拷贝到服务部署路径下,JBoss 就会自动加载新服务组件,这一特点对应用服务的稳定性非常具有吸引力。其次,JBoss 对服务器集群有着良好的支持,这对大型应用来说非常重要。

在电子政务领域,JBoss 常用于部署采用 Java EE 技术开发的大型应用系统,特别是包含 EJB 的大型应用。

### 4.3.1.3 WebLogic

WebLogic 最初是由美国 WebLogic 公司开发的,后随着 WebLogic 公司被 BEA 公司收购,2008 年 BEA 被 Oracle 公司收购,所以 WebLogic 也成了 Oracle 公司的产品。WebLogic 是最早商业化,同时也是商业化最为成功的 J2EE 应用服务器。它的功能非常强大,可用于开发、集成、部署和管理大型的网络应用系统,包括分布式 Web 应用、数据库应用、网络应用,几乎基于 Java EE 开发的所有网络应用都可以在 WebLogic 部署。

相对于开源产品而言,商业化产品往往在可靠性、技术成熟度、解决方案完整度,以及技术支持能力上具有较大优势。这一点对 WebLogic 也一样,由于 WebLogic 是商业化产品,所以它的可靠性相对于开源产品而言更具优势,技术成熟度和技术支持服务更完善,所能承载的应用复杂度也更高。当然,获得这些需要付出不菲的采购成本。

在电子政务领域,WebLogic 比较适合用于部署较大型的应用系统,比如社保、统计等用户或涉及部门较多、运算量较大的应用。

#### 4.3.1.4 IIS

Internet Information Services(IIS,互联网信息服务),是由微软公司提供的基于运行 Microsoft Windows 的互联网基本服务。IIS 在功能上与 WebLogic、JBoss 等应用服务器一样,支持企业级应用系统的部署。

IIS 最初是 Windows NT 版本的可选包,随后内置在 Windows 2000、Windows XP Professional 和 Windows Server 2003 一起发行。在 Windows 操作系统的各种专业版和旗舰版上都内置了 IIS,可以通过 Windows 的控制面板进行配置。

在实际应用中 IIS 主要被用于部署采用.NET 技术开发的 Web 应用系统,由于 IIS 是 Windows 内置的功能,所以它的配置和管理相对比较简单,易于理解和掌握。

#### 4.3.1.5 国产应用服务器

1. 中创应用服务器

InforSuite 应用服务器(InforSuite Application Server,IAS)是中创软件商用中间件股份有限公司的新一代企业级应用服务器产品。IAS 遵循 JEE 5.0 规范构建;通过采用 IOC 微内核和插件体系结构思想构筑了一个强大而稳定的服务基础架构,可以集成服务集成总线、统一认证授权服务、工作流服务、报表服务,为企业信息化总体架构提供完备的基础设施和机动的 SOA 设施。目前 IAS 主要有三种类型的产品和解决方案:

面向企业应用的 SOA 服务支撑平台,面向政府、电信、金融、能源、教育等行业,提供高性能、高可用性的企业级应用服务支撑平台。IAS 遵循 JEE5 规范,并集成服务集成总线、统一认证授权服务、工作流服务、报表服务,为企业信息化总体架构提供完备的基础设施。

基于 InforSuite 云计算的 IDC 解决方案——面向移动 MDC、电信、联通、铁通等 IDC 领域,针对现有的主机托管和租赁业务,为 IDC 提供一个统一监管、高可靠性、弹性计算的云计算平台,提高 IT 资源利用率,降低运维成本。同时,为 IDC 的企业级高端用户提供 InforSuite 云计算应用服务器解决方案,既为企业级应用提供具有云计算能力和高可靠性的应用服务器,又在企业级云计算应用的开发、部署、运行过程中提供技术支持和服务。

面向网络的安全应用服务解决方案,面向政府、电信、金融、教育等行业,针对门户网站普遍的高安全需求,为网站提供 Web 层的主动防御系统,使应用更加健壮和安全。

2. 金蝶应用服务器

Apusic Application Server 是由金蝶软件开发的商用应用服务器。它是一个基于 JavaEE 体系并获得 JavaEE 国际认证的 Java 应用服务器,全面实现了 Java EE 5 规范、最新的 Web 服务标准和主流的互操作标准。Java EE 5 规范提供了一个全新的标准 API 集合来创建分布式应用和 SOA 应用。这些应用可以访问各种服务,并允许实现可视化设计的动态 Web 内容,以及异构系统的交互操作。金蝶 Apusic 应用服务器全面支持 Java EE 5 规范,并以全球第四通过 Java EE 5 规范认证。金蝶 Apusic 应用服务器提供了数据持久性、Web 服务、高可用性、集群与双机热备、消息传输与路由和跨平台支持。金蝶 Apusic 应用服务器与金蝶 Apusic 系列产品一起,可以满足大规模 SOA 应用的需求,是符合国际标准的自主中间件。

金蝶 Apusic 应用服务器允许在高度可用、高度可扩展的环境中部署应用。企业可在异构环境中配置金蝶 Apusic 应用服务器实例集群来分布负载,并在硬件或者网络出现故障时及时进行处理。扩展的安全特性可以保护对应用的访问,保障企业数据安全,并防止恶意攻击。金蝶 Apusic 应用服务器提供的管理工具允许系统管理员监控和优化应用的性能。

相对于外来产品,国产应用服务器的一个优势是具有自主知识产权,自主可控,对信息安全更有保障。

### 4.3.2 消息中间件

**1. 简介**

消息中间件是一类以消息为载体进行通讯的中间件。简单地说,消息中间件就是将数据以消息的形式从一个应用程序发送到另一个应用程序。

消息中间件有几个非常重要的优点。首先,它在应用程序之间传递消息的时候,不需要发生方和接收方同时工作。发送消息的系统只需要将消息发送到传输队列,并指定消息的目的地,消息中间件就会可靠、安全地将消息传输到目的队列,并在接收消息的系统准备就绪时才会将消息传递给目的应用程序,所以数据传递非常可靠。其次,它不关心平台,即消息的发送方和接收方可以是不同的系统平台。这一特点对分布式应用程序非常重要,它可以在分布式环境下扩展进程间的同学,并且支持多种通讯协议。

**2. 消息中间件在电子政务中的应用**

当前,电子政务应用系统已经进入了协同时代。大型的电子政务应用系统往往涉及很多部门,需要与很多相关的其他系统进行共享、交换。在实践过程中可能会遇到不同政府部门之间网络状况不一致、不同应用系统采用的技术平台不相同、数据量庞大等一系列问题。

消息中间件可以很好地解决复杂网络环境下不同平台之间的数据通讯问题,而且它的数据传输可靠性非常有保障。所以在大型、跨部门分布式电子政务协同办公系统中,常常采用消息中间件支撑数据交换服务。

### 3. 主要消息中间件产品

以往常见的消息中间件产品有 IBM 的 MQSeries、Microsoft 的 Messaging Queuing、Sun 的 JMQ 等,现在国内几大主要的基础软件企业也开发了比较成熟的消息中间件产品,其中金蝶软件、中创软件、北京东方通科技等企业的中间件产品已经在国家重大电子政务工程中得到了应用,并取得了良好的效果。

## 4.4 政务业务协同技术

### 4.4.1 工作流技术

#### 1. 简介

对于什么是工作流,业界一直没有一个完全统一的定义。根据工作流管理者联盟的定义:工作流是根据一系列过程规则,文档、信息或任务能够在不同的执行者之间传递、执行。IBM 给出的工作流定义则是:工作流是经营过程中的一种计算机化的表示模型,定义了完成整个过程所需用的各种参数。这些参数包括对过程中每一个单独步骤的定义、步骤间的执行顺序、条件以及数据流的建立,每一步骤由谁负责以及每个活动所需要的应用程序。虽然关于工作流是什么有很多具体说法,但是这些说法有一个基本共识:工作流是用信息技术对工作过程的实现。

工作流所解决的问题就是:为实现某个业务目标,在多个参与者之间,利用计算机,按某种预定规则自动传递文档、信息或者任务。具体实现之后的工作流,被称为工作流管理系统,通过计算机技术的支持去定义、执行和管理工作流,协调工作流执行过程中工作之间以及群体成员之间的信息交互。

(1)现在市面上有很多工作流管理系统产品,它们的技术实现和功能特点各有不同,但是也存在一些共同点。一个完整的工作流产品大致应该包括这样几个部分:

①工作流定义功能:用来定义工作流。

②工作流执行服务:用来执行工作流,可能包含多个相互独立、并行运转的工作流引擎。它可能会参考组织或角色数据,还会调用外部应用程序,维护工作流控制数据,使用工作流相关数据,生成工作列表。

③工作流引擎:用来执行单独的流程实例。

④用户界面:用户操纵工作流列表的界面,可能会调用外部的应用程序。

其中最核心的是工作流引擎,它负责驱动工作流程向前进行,控制流程方向,与其他的进程进行通信。

(2)根据工作流任务的传递机制,工作流管理系统可以分为四种类型:

①基于文件的工作流系统。以共享文件的方式来完成任务项传递。这种类型产品开发得最早,发展最成熟,产品品种较多。

②基于消息的工作流系统。通过用户的电子邮件系统来传递文档信息。这种类型的产品一般都提供与一种或多种电子邮件系统的集成接口。

③基于Web的工作流系统。通过WWW来实现任务的协作。这一类产品起步较晚(在1995年以后),但是发展迅速,其市场前景十分看好。

④群件与套件系统。虽然这一类产品与上面介绍的三种产品在任务传递方式上有很大程度的重叠,但是在这里却有必要把它们单独划分成一类,因为这一类产品都需要依赖于自己系统的应用基础结构,包括消息传递、目录服务、安全管理、数据库与文档管理服务等,它们本身就构成了一个完整的应用开发环境。

### 2. 工作流在电子政务应用系统中的应用

在电子政务领域中,工作流是部门协同工作应用系统常用的技术。通过工作流技术可以较好地实现内部工作流程的管理,大大提高应用系统的灵活性。常见的电子政务应用系统,如行政审批、公文办理等,几乎所有具有明确流程的业务系统都可以采用工作流技术。

### 3. 常见工作流产品

(1)业务流程管理框架 JBPM

业务流程管理框架(Java Business Process Management,JBPM)是一个覆盖业务流程管理、工作流、服务协作领域的开源的框架。

JBPM 是一个灵活可扩展的工作流管理系统。作为 JBPM 运行时 Server 输入的业务流程使用简单强大的语言表达并打包在流程档案中。JBPM 将工作流应用开发的便利性和杰出的企业应用集成(EAI)能力结合了起来。JBPM 包括一个 Web 应用程序和一个日程安排程序。JBPM 是一组 J2SE 组件,可以作为 J2EE 应用集群部署。

(2)中创 InforSuite FS

InforSuite Flow Server 是中创软件商用中间件有限公司开发的工作流中间件产品,简称 InforSuite FS。该产品是参考国际工作流管理规范实现的工作流中间件,为工作流自动化和流程再造提供基础平台。InforSuite FS 能够可视化地进行业务流程的分析、定义和业务单元的组装,从而使应用开发人员更关注于业务逻辑的实现,降低了复杂流程应用的开发难度。

## 4.4.2 Web Service

### 1. 简介

Web Service 又被称为网络服务,是一种面向服务的架构的技术。根据W3C的定义,Web服务(Web Service)是一个软件系统,用以支持网络间不同机器的互动操作。网络服务通常是由许多应用程序接口(API)所组成的,它们透过网络,如国际互联网(Internet)的远程服务器端,执行客户所提交的服务请求。

Web Service通过标准的网络协议提供服务,目的是保证不同平台的应用服务可以互操作。关于它的具体内涵,可以这样理解:在网络通讯中,被传递的往往是数据、信息,而Web Service传递出去的是一个服务,一个可以被接收者使用的操作。

2. 在电子政务应用系统开发中的作用

可以设想这样一个场景:A部门的一个应用系统需要用到一组数据,这组数据是由B部门的一个应用系统制作的。如果B部门的应用系统有Web Service接口,那么A部门的应用系统只需要根据规范调用接口,就可以获得所需的数据。同样,任何需要这一组数据的用户,都可以通过授权获得接口,进而获得数据。所以Web Service在电子政务领域主要应用于协同开发,对应用系统的扩展性、跨系统的协同、通信都起着非常重要的作用。

# 第 5 章

# 电子政务安全

电子政务是政府机关利用现代信息和通信技术,将管理与服务通过信息化集成,在网络上实现政府组织结构和工作流程的优化重组,超越时间、空间与部门分割的限制,全方位地向社会提供优质、高效、规范、透明的管理和服务。可见构建一个国家的电子政务体系,需要将现有的和即将建设的各个政府网络和应用系统连接起来,统一相关的技术标准和规范并做到互联互通,从而构建一个统一的国家政务服务平台。因此在保证网络可靠运行的同时,必须采取有效的安全措施,保障电子政务信息的保密性、完整性和可用性,同时在分布式网络环境下还应提供鉴别、访问控制和不可否认性等安全服务。本章主要介绍电子政务系统的安全体系、等级保护,以及实现安全体系和等级保护的网络安全技术。

## 5.1 电子政务安全概述

随着信息技术的普及和发展,我国电子政务的规模和实施的范围进一步扩大,但是存在的信息安全隐患抑制了电子政务的充分发展。根据CNCERT接收国内外网络安全事件数的最新统计,从2011年8月到2012年7月的网络安全事件接收数量月度变化情况如图5-1所示。由图可见,每月接收事件报告数量均超过1000起,并整体呈上升趋势,接收事件数量较少的月份主要是因为包含国家法定假日时间较长。网络安全事件报告主要来自于政府部门、金融机构、电信运营商、互联网企业等。

电子政务中的网络与信息安全不仅关系到电子政务本身的健康发展,而且关系到国家的政治安全、经济安全、国防安全、社会稳定和政府工作的正常运转。电子政务的最终目标是建设一套集政府办公自动化、面向决策支持、面向公众服务为一体的综合信息系统,系统的复杂性和特殊性决定了其安全问题的多层次性、重要性和迫切性。电子政务安全体系如图 5-2 所示,分为五个层次,即安全的密码算法、安全协议、网络安全、操作系统安全和应用安全。其中密码技术是电子政务安全体系的基础,非对称密钥以及在此基础上发展的数字签名将在认证和访问控制等方面大量使用。在安全密码算法的基础上,网络层的 IPSec 安全协议实现了网络层的加密和认证,在网络体系结构中提供了一种端到端的安全解决方案;传输层的 SSL/TLS 协议被广泛应用于认证 Web 服务器,保障 Web 服务器与 IE 浏览器之间通信的安全。

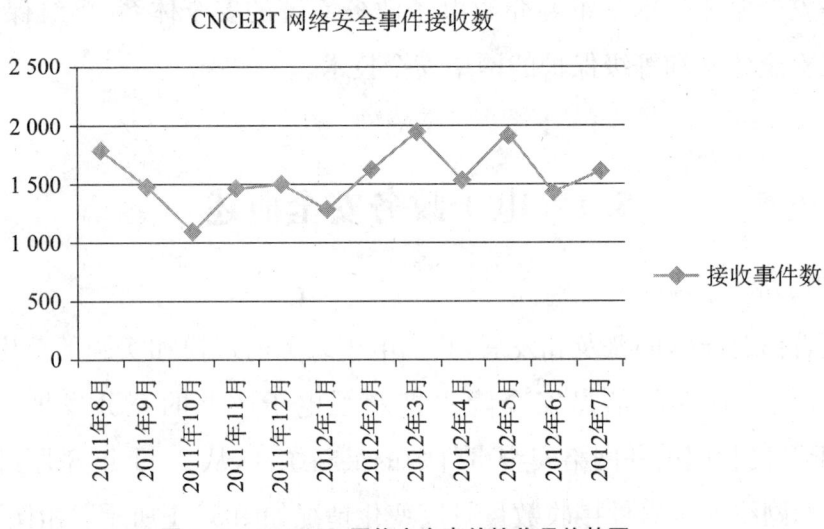

图 5-1　CNCERT 网络安全事件接收月趋势图

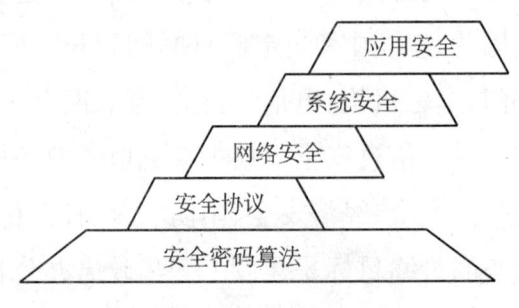

图 5-2　电子政务安全体系

网络安全最基本的方法是使用防火墙。政务外网是政府对外服务的业务专网,与国际互联网通过防火墙逻辑隔离,主要用于机关访问国际互联网、发布政府公开信息,受理、反馈公众请求和运行安全级别不需要在政务专网运营的业务。系统安全主要涉及电子政务中 PC 机操作系统的安全,需要关闭不必要的服务和端口,并经常检查本机的连接情况,及时更新操作系统厂商发布的补丁程序。

电子政务应用系统层主要是在统一的安全电子政务平台层所提供的一站式电子政务服务框架的基础上,加载和运行的一系列政务业务应用系统,是体现政务服务的关键点,也是国家电子政务系统面向最终用户的层面。根据 CNCERT 的统计,网络攻击行为的发生都是利用了操作系统漏洞、应用程序漏洞、Web 应用漏洞、数据库漏洞和安全产品的漏洞等,所以及时更新 Web 服务器软件厂商提供的补丁程序是应用系统的安全保障。

## 5.2 电子政务系统安全等级保护

电子政务信息安全等级保护是根据电子政务系统在国家安全、经济安全、社会稳定和保护公共利益等方面的重要程度,结合系统面临的风险、系统特定安全保护要求和成本开销等因素,将其划分成不同的安全保护等级,采取相应的安全保护措施,以保障信息和信息系统的安全。

### 5.2.1 信息安全等级保护的相关法律和标准

1983 年美国国防部发表的《可信计算机标准评价准则》(桔皮书,简称为 TCSEC)把计算机安全等级分为四类七级。依据安全性从低到高的级别,依次为 D、C1、C2、B1、B2、B3、A 级,每级包括它下级的所有特性。

1991年,西欧四国(英、法、德、荷)提出了信息技术安全评价准则(ITSEC),ITSEC首次提出了信息安全的保密性、完整性、可用性概念,把可信计算机的概念提高到可信信息技术的高度上来认识。它定义了从E0级(不满足品质)到E6级(形式化验证)的七个安全等级和十种安全功能。

1993年6月,美国、加拿大及欧洲四国经协商同意,起草单一的通用准则(CC)并将其推进到国际标准。CC的目的是建立一个各国都能接受的通用的信息安全产品和系统的安全性评价准则,国家与国家之间可以通过签订互认协议,决定相互接受的认可级别,这样能使大部分的基础性安全机制,在任何一个地方通过了CC准则评价并得到许可而进入国际市场时,就不需要再作评价,使用国只需测试与国家主权和安全相关的安全功能,从而大幅节省评价支出并迅速推向市场。CC强调将安全的功能与保障分离,并将功能需求分为九类63族,将保障分为七类29族。

国内由公安部主持制定、国家质量技术监督局发布的中华人民共和国国家标准GB17895-1999《计算机信息系统安全保护等级划分准则》已正式颁布并实施。该准则将信息系统安全分为五个等级:自主保护级、系统审计保护级、安全标记保护级、结构化保护级和访问验证保护级。主要的安全考核指标有身份认证、自主访问控制、数据完整性、审计等,这些指标涵盖了不同级别的安全要求。

2002年发布的《计算机信息系统安全等级保护通用技术要求》,以1999年发布的《计算机信息系统安全保护等级划分准则》为基本依据,分别从物理安全、运行安全和信息安全等方面,对《计算机信息系统安全保护等级划分准则》相关的安全要求做了全面、详细的说明。通用技术要求与安全管理要求、工程实施要求、评估准则等其他标准一起共同构成了计算机信息系统安全等级保护的标准体系。

2004年,公安部、国家保密局、国家密码管理委员会办公室、国务院信息化工作办公室四部门联合下发了《关于信息安全等级保护工作的实施意见》(66号文)。2005年国信办下发了《电子政务信息安全等级保护实施指南》(25号文)。2005年底,公安部下发了《关于开展信息系统安全等级保护基础调查工作的通知》(公信安[2005]1431号),并从2006年1月由全国各级公安机关组织开展了全国范围内各行业、企业信息系统的基础信息调研工作。2006年初,四部门又联合签发《信息安全等级保护管理办法(试行)》(7号文),并于2006年3月1日开始实施。公安部也先后出台了《信息系统安全保护等级定级指南(试用稿)》、《信息系统安全等级保护基本要求(试用稿)》、《信息系统安全等级保护实施指南(送审稿)》、《信息系统安全等级保护测评准则(送审稿)》等指导性文件。

### 5.2.2 电子政务安全等级的层级划分

2005年国信办下发了《电子政务信息安全等级保护实施指南》,对电子政务的五个安全等级进行了定义。

第一级为自主保护级,适用于一般的电子政务系统。系统遭到破坏后对政务机构履行其政务职能、机构财产、人员造成较小的负面影响,参照国家标准自主进行保护。

第二级为指导保护级,适用于处理日常政务信息和提供一般政务服务的电子政务系统。系统遭到破坏后对政务机构履行其政务职能、机构财产、人员造成中等程度的负面影响。在主管部门的指导下,按照国家标准自主进行保护。

第三级为监督保护级,适用于处理重要政务信息和提供重要政务服务的电子政务系统。系统遭到破坏后可能对政务机构履行其政务职能、机构财产、人员造成较大的负面影响,可能对国家安全造成一定程度的损害。在主管部门的监督下,按国家标准严格落实各项保护措施进行保护。

第四级为强制保护级,适用于涉及国家安全、社会秩序、经济建设和公共利益的重要电子政务系统。系统遭到破坏后可能对政务机构履行其政务职能、机构财产、人员造成严重的负面影响,可能对国家安全造成较大损害。在主管部门的强制监督和检查下,按国家标准严格落实各项措施进行保护。

第五级为专控保护级,适用于关系国家安全、社会秩序、经济建设和公共利益的核心系统。系统遭到破坏后对政务机构履行其政务职能、机构财产、人员造成极其严重的负面影响,对国家安全造成严重损害。根据安全需求,由主管部门和运营单位对电子政务系统进行专门控制和保护。

### 5.2.3 电子政务等级保护的实施过程

信息安全等级保护的实施分为三个阶段:系统定级、等级建设和等级维护。这三个阶段环环相扣,形成了信息系统安全等级保护的闭环。等级建设在等级保护三个阶段中扮演着承上启下的重要角色,安全方案是否适合信息系统的客观需求、是否能够在保证安全的前提下与其他信息系统进行互联互通、是否具有较好的费效比等问题将直接决定该信息系统是否有预期的安全生命周期。

系统定级阶段:通过对系统性质、网络结构、业务类型、工作流程、外部环境等的充分分析和理解,确定其在社会体系中扮演的角色和对组织、社会和国家的重要程度,明确相应的安全保护等级,并作为后续各个阶段采取相应等级保护措施的根本依据,这是系统安全保护的出发点和归宿。

规划与设计阶段(即等级建设阶段):基于系统定级阶段的分析结果,

设计特定信息系统的安全技术体系(或安全解决方案),其核心内容是通过对各种安全机制及其强度的特定配置,满足系统的特定安全需求。根据保护等级及其特定需求,就可以确定相应等级的静态安全保护体系,并对其实施过程提出相应等级的保证要求(包括外购的和专门开发的产品),同时,对系统使用过程提出相应等级的运行管理要求。

实施、等级评估与改进阶段(即等级维护阶段):通过设备采购与配置、软件开发、系统集成和综合测试等手段,实现设计的各种安全功能,并在系统使用过程中对其进行维护和管理。这就将管理和技术、工程和过程充分结合起来,以便实现综合有效的信息安全等级保护体系。

## 5.3 数据加密技术

数据加密技术的基本思想就是使用一组数学变换——密码算法,把明文变成密文,使非法入侵者无法理解信息的真正含义,也可以检测出非法用户对数据的插入、删除、修改及滥用有效数据的各种行为。为了有效控制加密、解密算法的实现,需要有某些只被通信双方所掌握的专门的关键的信息参与,这些信息称为密钥。简单的密码系统示意图如图 5-3 所示。

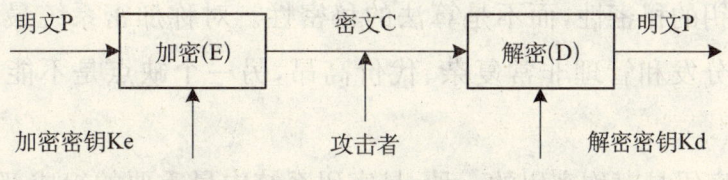

图 5-3 简单的密码系统示意图

根据密钥形式,数据加密技术通常分为两大类:对称加密(symmetric encryption)技术和非对称加密(asymmetric encryption)技术,也称为密钥加密(secret-key encryption)技术和公钥加密(public-key encryption)技术。在对称加密技术中,加密和解密过程采用一把相同的密钥,通信时双方都必须具备这把密钥,并保证密钥不被泄露。在非对称加密技术中,加密密钥与解密密钥不同,且由其中一个不容易得到另一个,往往其中一个密钥是公开的,另一个是保密的。密码学研究的两大成果:1977年美国国家标准局(NBS)颁布的联邦数据加密标准(DES),将传统的密码学发展到了一个新的高度;1976年Diffie和Hellman提出的公钥密码体制的新概念,是实现现代密码学的基石。

### 5.3.1 对称加密技术

在对称加密技术中,通信双方要进行通信时,必须先约定一个密钥,这种约定密钥的过程称为"分发密钥"。有了密钥后,发送方使用这一密钥,并采用合适的加密算法将所要发送的明文转变为密文。密文到达接收方后,接收方用解密算法(通常是发送方所使用的加密算法的逆),并把密钥作为算法的一个运算因子,将密文转变为原来的明文。因此对称加密技术的安全性依赖于以下两个因素:第一,加密算法必须是足够强的,仅仅基于密文本身去解密信息在实践上是不可能的;第二,加密方法的安全性依赖于密钥的秘密性,而不是算法的秘密性。对称加密系统最大的问题是密钥的分发和管理非常复杂、代价高昂,另一个缺点是不能实现数字签名。

分组密码是对称密码的一种,是密码系统中最重要的组成部分。分组密码是将明文分成固定长度的组,如64位一组,用同一密钥和算法对每一块分组加密,输出固定长度的密文。典型的分组密码算法有DES(Data Encryption Standard)、IDEA算法和AES算法等。

DES 是美国国家标准局于 1977 年公布的 IBM 公司研制的加密算法，以 64 位分组进行加密，有效密钥长度为 56 位。它是应用最广泛的一种分组密码算法，对密码理论的发展和应用起到了重大作用。采用 DES 的一个著名的网络安全系统是由 MIT 开发的 Kerberos，它是网络通信中身份认证的事实上的工业标准。DES 算法在 POS、ATM、磁卡及智能卡、加油站、高速公路收费站等领域得到了广泛应用，它的缺点是密钥太短（56 位），影响了它的保密强度。针对 DES 密钥短的特点，人们提出了用 DES 和多个密钥进行多次加密的多重 DES 算法，三重 DES 算法需要执行三次 DES 的加密。

国际数据加密算法 IDEA（International Data Encryption Algorithm）是由瑞士联邦学院的 Xue Jia Lai 和 James Massey 研制的一个对称分组密码，在 1990 年正式公布并在以后得到增强。该算法是在 DES 算法的基础上发展起来的，密钥为 128 位。

AES（Advanced Encryption Standard）算法是由美国国家标准和技术研究所（NIST）于 1997 年 4 月发起征集的活动，目的是确定一个非保密的、公开披露的、全球免费使用的加密算法，用于保护 21 世纪政府的敏感信息。AES 算法的基本要求是：比三重 DES 快且至少和三重 DES 一样安全，分组长度为 128 位，密钥长度为 128/192/256。

### 5.3.2　非对称加密技术

1976 年 W. Diffie 和 M. Hellman 在 IEEE Trans. on Information 刊物上发表了名为"New Direction in Cryptography"的文章，提出了"公开密钥密码体制"的概念，开创了密码学研究的新方向。公钥密码体制的产生有两个原因：一是由于对称密钥密码体制的密钥分配问题，二是由于数字签名的需求。相对于对称密码算法,公钥密码的特点是加密和解密密钥是分开的。加密密钥是公开的,称为公钥;解密密钥是用户私有的,称为私钥。从公开的公钥或密文中分析出明文或私钥,在计算上是不可能的。

公开密钥密码体制的主要算法有 RSA、背包算法、Elgamal、Rabin、DH 等。它们的安全性都是基于复杂的数学难题。至少有以下三类系统目前被认为是安全有效的:大整数素因子分解系统(代表性的算法是 RSA),椭圆曲线离散对数系统(ECC),离散对数系统(代表性的算法是 DSA)。

以 Alice 和 Bob 之间的数据通信为例,当 Alice 要发送数据给 Bob 时,用公钥加密技术通信的过程如下:

(1) Alice 和 Bob 选用一个公钥密码系统;

(2) Bob 将他的公钥传送给 Alice;

(3) Alice 用 Bob 的公钥加密她的消息,然后传送给 Bob;

(4) Bob 用他的私钥解密 Alice 的消息。

由于 Bob 的私钥是保密的,所以即使第三人窃听了加密后的数据,也无法将其解密成明文。

## 5.4 数字签名与身份认证

### 5.4.1 数字签名

数字签名(Digital Signature)就是电子化签名方法,用户首先对原始数据通过哈希函数(Hash Function)产生哈希摘要,然后用自己的私钥对原始数据的哈希摘要进行加密所得的数据。信息接收方使用信息发送方的公钥对附在原始信息后的数字签名进行解密后获得哈希摘要,并通过与自己收到的原始数据产生的哈希摘要对照,便可确信原始信息是否被篡改。这样就保证了消息来源的真实性和数据传输的完整性。数字签名可解决手写签名中的签字人否认签字或其他人伪造签字等问题,因此,被广泛用于银行的信用卡系统、电子商务系统、电子邮件,以及其他需要验证、核对信息真伪的系统中。

一个由公开密钥密码体制实现的数字签名过程如图 5-4 所示。用户 A 用其私钥 $K_{Ad}$ 对信息加密,从而对消息 M 签名;用户 A 把签名后的消息 S 传给用户 B;用户 B 用 A 的公钥 $K_{Ae}$ 解密消息,从而验证签名。

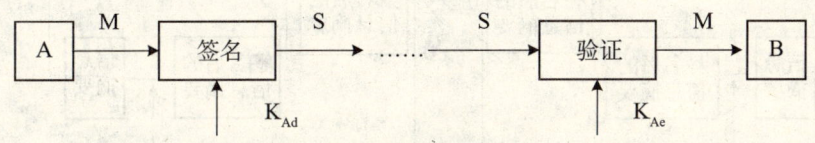

图 5-4 数字签名的过程

一个典型的由公开密钥密码体制实现的,带有加密功能的数字签名过程如图 5-5 所示。这个过程是对签名后的消息再用用户 B 的公钥加密之后再发送,到接收端之后先用 B 的私钥解密,然后再验证签名。

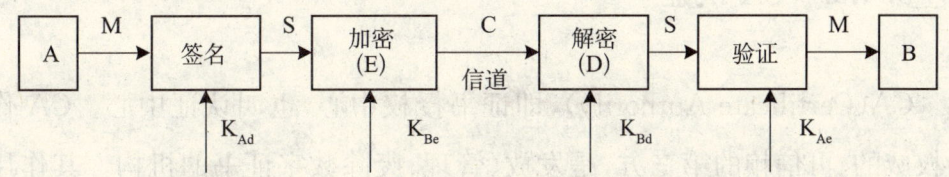

图 5-5 带有加密功能的数字签名

数字签名常常与单向哈希函数一起使用,所以报文的发送方利用单向散列函数从报文文本中生成一个 128 位的散列值(或信息摘要)。发送方用自己的私人密钥对这个散列值进行加密来形成发送方的数字签名。然后,该数字签名将作为报文的附件和报文一起发送给报文的接收方。报文的接收方首先从接收到的原始报文中计算出 128 位的散列值(或信息摘要),接着再用发送方的公开密钥来对报文附加的数字签名进行解密,得到原散列值。如果这两个散列值相同,则接收方就能确认该数字签名是发送方的。通过数字签名能够实现对原始报文的鉴别,使用哈希函数的数字签名过程如图 5-6 所示。

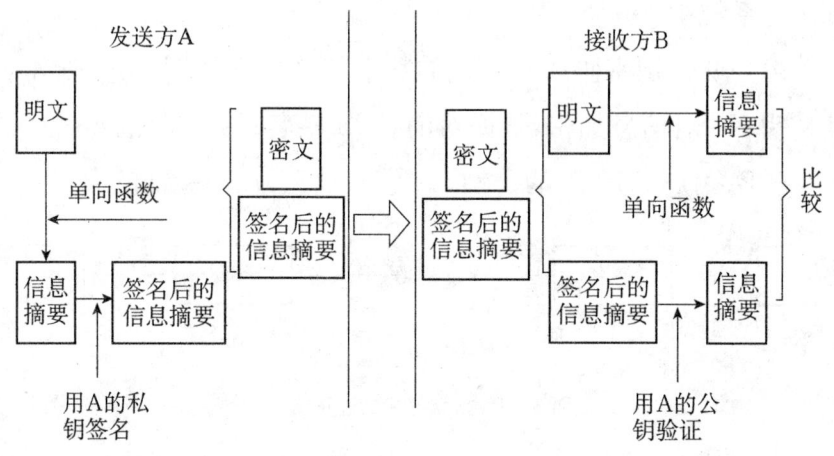

图 5-6 数字签名的过程

## 5.4.2 CA 认证

CA(Certificate Authority),即证书授权中心,也叫认证中心。CA 作为权威的、可信赖的第三方,是发放、管理、废除数字证书的机构。其作用是检查证书持有者身份的合法性,并签发证书,以防证书被伪造或篡改,以及对证书和密钥进行管理,承担公钥体系中公钥合法性检验的责任。

CA 的签名过程:

(1)用户产生密钥对,并将公钥部分及其他识别信息提交给 CA。当 CA 一旦对用户的身份表示满意,就取下用户的公钥,并对它制作信息摘要；

（2）信息摘要用 CA 的专用密钥进行加密，制作用户公钥的 CA 签名；

（3）用户的公钥和验证用户公钥的 CA 签名组合在一起制作数字证书。

CA 签发并管理正式使用的公钥和与用户相关联的证书。证书只在某一时间内有效，因而 CA 保存一份有效证书及其有效期清单。有时证书或许要及早废除，因而 CA 保存一份废除的证书及有效证书的清单。CA 的有效证书、废除证书或过期证书的清单可提供给任何一个要获得这种清单的人。

### 5.4.3 数字证书

数字证书是一个经证书授权中心数字签名的、包含公开密钥拥有者信息及公开密钥的文件。最简单的证书包含一个公开密钥、名称，以及 CA 中心的数字签名。一般情况下，证书中还包括密钥的有效时间、发证机关（证书授权中心）的名称、该证书的序列号等信息。

以数字证书为核心的加密技术可以对网络上传输的信息进行加密和解密、数字签名和验证，确保网上传递信息的保密性、完整性，以及交易实体身份的真实性、签名信息的不可否认性，从而保障网络应用的安全性。

数字证书通常有以下类型：

（1）个人证书，包括个人安全电子邮件证书和个人身份证书；

（2）企业证书，包括企业安全电子邮件证书和企业身份证书；

（3）服务器证书，包括 Web 服务器证书和服务器身份证书；

（4）信用卡身份证书，包括消费者证书、商家证书和支付网关证书。

### 5.4.4 基于 PKI/PMI 的电子政务可信平台

#### 1. PKI 体系

公开密钥基础设施 PKI(Public Key Infrastructure)是利用公钥理论和技术建立的提供信息安全的基本保障，它可以为各种网络应用透明地提供采用加密和数字签名等密码服务所必需的密钥和证书管理，从而达到保证网上传递信息的安全、真实、完整和不可抵赖的目的。PKI 可以提供会话保密、认证、完整性、访问控制、源不可否认、目的不可否认、安全通信、密钥恢复和安全时间戳九项信息安全所需要的服务，是实现电子政务安全的基本保障。在这个结构中，公开密钥密码算法居于中心地位。

一个典型的 PKI 系统的结构如图 5-7 所示，该系统包括 PKI 安全策略、软/硬件系统、注册机构 RA、认证中心 CA、证书发布系统和 PKI 应用。

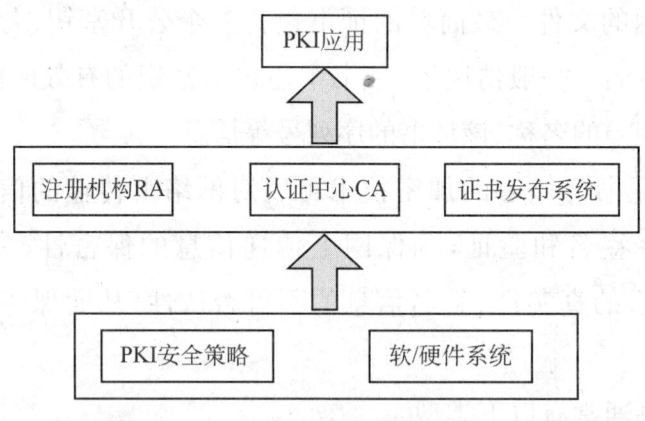

图 5-7 一个典型的 PKI 系统结构

(1) PKI 安全策略。定义了组织机构在信息安全应用方面的指导方针，同时也定义了使用密码系统的方法和原则。一般情况下，在 PKI 中有两种类型的安全策略——证书策略和 CPS (Certificate Practice State-

ment),证书策略用于管理证书的使用,CPS 是一个详细的文档,包含实践中增强和支持安全策略的一些操作过程,如 CA 是如何建立和运作的,证书是如何发布、接收和废除的,密钥是如何产生、注册的等。

(2)认证中心 CA。它是 PKI 系统的核心组成部分,也是整个 PKI 系统的信任基础,它负责发放证书,规定证书的有效期,通过发布证书废除列表(CRL)确保必要时可以废除证书。

(3)注册机构 RA。它提供用户和 CA 之间的一个接口,它获取并认证用户的身份,向 CA 提出证书请求。它主要完成收集用户信息和确认用户身份的功能。这里指的用户,是指将要向认证中心(即 CA)申请数字证书的客户,可以是个人,也可以是集团或团体、政府机构等。

(4)证书发布系统。负责证书的发放,如可以通过用户自己,或是通过目录服务。目录服务器可以是一个组织中现存的,也可以是 PKI 方案中提供的。

(5)PKI 的应用。包括在 Web 服务器和浏览器之间的通讯、电子邮件、电子数据交换(EDI)、在 Internet 上的信用卡交易和虚拟私有网(VPN)等。

PKI 的优势在于加密技术保证了数据的保密性,数字签名保证了数据的完整性,数字签名和证书保证了身份鉴别的准确性,也保证了用户的不可否认性。所以,基于 PKI 的数字证书技术是一种理想的网络安全解决方案。一个证书包含了能够证明证书持有者身份的可靠信息。用户的公钥是包含在用户证书中的一个重要信息,在证书中的公钥既可被他人用于加密也可用来验证持有者的数字签名。如在 BBS、网上办公、邮件发送、网上招投标、网上缴费等应用。

2. PMI 应用

PMI(Privilege Manager Infrastructure)是属性证书、属性权威、属性证书库等部件的集合体,用来实现权限和证书的产生、管理、存储、分发和撤销等功能。PMI 使用属性证书（Attribute Certificate，AC）表示和容纳权限信息，通过管理证书的生命周期来实现对权限生命周期的管理，这种方式使得权限的管理不必依赖某个具体的应用，而且利于在分布式应用环境中实施。属性授权（Attribute Authority，AA）负责管理属性证书的整个生命周期。PMI 和 PKI 有很多相似的概念，如属性证书与身份证书，属性授权（AA）与认证授权（CA）等。身份证书是将实体和其公钥进行绑定，而属性证书则是将实体与一个或更多的权限属性进行绑定。授权服务平台向应用系统提供与应用相关的授权服务管理，提供用户身份到应用授权的映射功能，支持基于角色的授权、灵活的委托授权、授权管理与业务操作相分离、多级安全控制等。将政府 PKI 系统与基于 PMI 的集中授权系统相结合，可以更好地满足政府办公系统"集中控制、集中管理"的要求。

PMI 和 PKI 之间的主要区别在于：PKI 主要进行身份鉴别，证明用户身份，即"你是谁"；PMI 主要进行授权管理，证明这个用户有什么权限，即"能做什么"。虽然 PMI 可以独立于 PKI 执行管理操作，但是两者之间还存在着联系，即 PKI 可用于认证属性证书中实体的身份，并鉴别属性证书签发权威 AA 的身份。

### 3. 电子政务可信平台

由 PKI/PMI 可以构建电子政务系统的可信平台，自下而上可以划分三个层次：可信基础设施、统一的安全电子政务平台和电子政务应用系统。

可信基础设施由信任服务平台、授权服务平台、网络信任域和可信时间戳系统组成。信任服务平台基于 PKI 认证体系，为上层应用提供了完善的密钥和证书管理机制，具有用户管理、密钥管理、证书管理等功能，可保证各种基于公开密钥密码体制的安全机制在系统中实现。信任服务平台以政府的证书认证系统为核心，可以实现全社会数字身份的统一相互认证。授权服务平台以 PMI/AA 为核心实现权限和证书的产生、管理、存储、分发和撤销等功能。网络信任域是构建网络基础设施的基础技术之一。与传统的 Internet 的"对等的、无中心的、无管理的"特点不同,网络信任域基础设施旨在构建一个可管理的、有中心的网络基础设施,建设全网统一的网络信任域基础设施需要基于 PKI/PMI 认证与授权体系,以网络信任域综合管理系统为核心,构建全网统一可信的网络信任环境,为网络提供"可管理、可控制"的安全网络环境支撑。网络信任域技术包含网络接入、传输和管理三个层面的安全措施,为实现信息安全的最终目的(数据机密性、数据的完整性、身份认证、不可抵赖性和授权服务)提供了安全保障。在网络信任域基础设施中,基于 PKI 系统为网络信任域中的所有用户和设备颁发数字证书,以此证明该用户或设备是可信或合法的,为可信接入控制和可信管理打下基础。在安全传输层面,网络设备基于 PKI 证书机制进行通信密钥的协商,实现安全的通信。可信时间戳服务系统为对于交易时间必须确定的操作提供具有法律效率的时间证明。建设统一的时间戳服务中心,提供可信时间戳服务。各部门、各行业、各地区不必重复投资建设时间戳服务系统,而采用统一的可信时间戳服务。在统一的时间戳服务体系下,更有利于实施责任认证、安全审计等与时间有关的安全需求。

统一的安全电子政务平台层是指在网络基础设施、网络信任域基础设施、信任和授权基础设施的基础上,承载最终电子政务应用的软、硬件综合平台。安全平台层为业务应用的安全改造提供支撑,构建以 PKI/CA 系统为基础的高安全强度的新型电子政务应用系统,向上层的政务业务应用系统提供统一的身份认证、信息加解密、数字签名、单点登录等服务。通过构建安全应用支撑平台,为应用系统提供高度抽象、凝练的安全服务,业务应用系统通过使用安全应用平台提供的服务,集成安全应用平台提供的简单接口,可以快速、方便地完成应用系统与电子政务可信基础设施集成。

电子政务应用系统层主要是在统一的安全电子政务平台层所提供的

一站式电子政务服务框架的基础上,加载和运行的一系列政务业务应用系统,是体现政务服务的关键点,也是国家电子政务系统面向最终用户的层面。

## 5.5 电子政务网络安全保障技术

### 5.5.1 防火墙技术

电子政务网络由政务内网和政务外网组成。政务外网是政府对外服务的业务专网,与国际互联网连接,主要用于机关访问国际互联网,发布政府公开信息,受理、反馈公众请求和运行安全级别不需要在政务内网运营的业务。一旦实现政务网络与 Internet 连接,Internet 中的各种网络攻击就会对政务内部网络构成极大的威胁,可能会损害政务网中的专有信息和资源。个人计算机也面临同样的问题,当个人计算机连接到 Internet 上之后,可以为用户提供丰富的信息资源,但同时也给网络攻击者开通了攻击个人计算机的通道。

使用和部署防火墙是解决这些问题的一个有效方法。防火墙是架设在用户内网和外部公共网络之间的屏障,提供两个网络之间的单点防御,对内部网络提供安全保护。防火墙限制数据在内部网络和外部网络之间的自由流动,它决定了哪些内部网络可以被外界访问,外部的哪些主机可以访问内部的服务,以及哪些外部服务可以被内部主机访问。防火墙一般由软件和硬件组成,执行系统管理员定义的安全策略,对一个内部网络和外部网络之间的数据流加以控制,它是置于不同网络安全域之间的一系列部件的组合,也是不同网络安全域间通信流的唯一通道,能根据安全政策控制(允许、拒绝、监视、记录)进出网络的访问行为。防火墙的部署如图 5-8 所示。

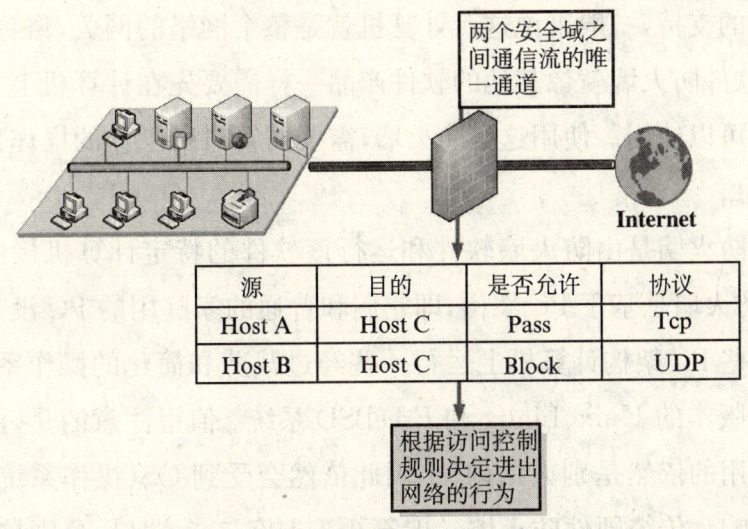

图 5-8　防火墙的部署

**1. 防火墙的功能**

一般来说防火墙的设计要包括以下四种功能：

(1)允许系统管理员将防火墙设置在网络的一个关键点上,并定义统一的安全策略,用于防止非法用户进入内部网络；

(2)监视网络的安全性,对于符合报警条件的事件产生报警信息；

(3)部署网络地址变换(Network Address Translation,NAT)功能,利用 NAT 技术,将有限的 IP 地址动态或静态地与内部的 IP 地址对应起来,缓解地址空间短缺的问题；

(4)审计和记录网络使用情况。

**2. 防火墙分类**

防火墙可以按照不同的分类标准进行分类。

(1)从防火墙的软、硬件形式来分的话,防火墙可以分为软件防火墙、硬件防火墙和芯片级防火墙。

软件防火墙运行于特定的计算机上,它需要客户预先安装好的计算机操作系统的支持,一般来说这台计算机就是整个网络的网关,俗称"个人防火墙"。软件防火墙就像其他的软件产品一样需要先在计算机上安装并做好配置才可以使用。使用这类防火墙,需要网管对所工作的操作系统平台比较熟悉。

硬件防火墙是由防火墙软件和运行该软件的特定计算机构成的防火墙,这类防火墙是基于 PC 架构,即它们和普通的家庭用的 PC 没有太大区别。在这些 PC 架构计算机上运行一些经过裁剪和简化的操作系统,最常用的有老版本的 Unix、Linux 和 FreeBSD 系统。值得注意的是,由于此类防火墙采用的依然是别人的内核,因此依然会受到 OS(操作系统)本身的安全性影响。传统硬件防火墙一般至少应具备三个端口,分别接内网、外网和 DMZ 区(非军事化区),现在一些新的硬件防火墙往往扩展了端口,常见四端口防火墙一般将第四个端口作为配置口、管理端口。

芯片级防火墙基于专门的硬件平台,没有操作系统。专有的 ASIC 芯片促使它们比其他种类的防火墙速度更快,处理能力更强,性能更高。做这类防火墙最出名的厂商有 NetScreen、FortiNet、Cisco 等。这类防火墙由于是专用 OS(操作系统),因此防火墙本身的漏洞比较少,不过价格相对比较高昂。

(2)按照防火墙在网络协议栈进行过滤的层次不同,可以把防火墙分为包过滤防火墙和应用代理防火墙。

包过滤型防火墙工作在 OSI 网络参考模型的网络层和传输层,它根据数据包头源地址、目的地址、端口号和协议类型等标志确定是否允许通过。只有满足过滤条件的数据包才被转发到相应的目的地,其余数据包则被从数据流中丢弃。包过滤技术有"第一代静态包过滤"和"第二代动态包过滤"。第一代静态包过滤类型防火墙几乎是与路由器同时产生的,它是根据定义好的过滤规则审查每个数据包,以便确定其是否与某一条包过滤规则匹配。过滤规则基于数据包的报头信息进行制订。报头信息中包括 IP 源地址、IP 目标地址、传输协议(TCP、UDP、ICMP 等等)、TCP/UDP 目标端口、ICMP 消息类型等。第二代动态包过滤类型防火墙采用动态设置包过滤规则的方法,避免了静态包过滤所具有的问题。这种技术后来发展成为包状态监测(Stateful Inspection)技术。采用这种技术的防火墙对通过其建立的每一个连接都进行跟踪,并且根据需要可动态地在过滤规则中增加或更新条目。

应用代理型防火墙是工作在 OSI 的最高层,即应用层。其特点是完全"阻隔"了网络通信流,通过对每种应用服务编制专门的代理程序,实现监视和控制应用层通信流的作用。在代理型防火墙技术的发展过程中,经历了第一代应用网关型代理防火墙和第二代自适应代理防火墙。第一代应用网关(Application Gateway)型防火墙是通过一种代理(Proxy)技术参与到一个 TCP 连接的全过程。从内部发出的数据包经过这样的防火墙处理后,就好像是源于防火墙外部网卡一样,从而可以达到隐藏内部网结构的作用。这种类型的防火墙被网络安全专家和媒体公认为是最安全的防火墙。它的核心技术就是代理服务器技术。第二代自适应代理(AdaPtive Proxy)型防火墙是近几年才得到广泛应用的一种新防火墙类型。它可以结合代理类型防火墙的安全性和包过滤防火墙的高速度等优点,在毫不损失安全性的基础之上将代理型防火墙的性能提高 10 倍以上。组成这种类型防火墙的基本要素有两个:自适应代理服务器(Adaptive Proxy Server)与动态包过滤器(Dynamic Packet Filter)。

(3)按防火墙的应用部署位置分,可以分为边界防火墙、个人防火墙和混合防火墙三大类。

边界防火墙位于内外部网络的边界,所起的作用是对内外部网络实施隔离,保护边界内部网络。这类防火墙一般都是硬件类型的,价格较贵,性能较好。

个人防火墙安装于单台主机中,防护的也只是单台主机。这类防火墙应用于广大的个人用户,通常为软件防火墙,价格最便宜,性能也最差。

混合式防火墙是一整套防火墙系统,由若干个软硬件组件组成,分布于内外部网络边界和内部各主机之间,既对内外部网络之间通信进行过滤,又对网络内部各主机间的通信进行过滤。它属于最新的防火墙技术之一,性能最好,价格也最贵。

3. 防火墙局限性

防火墙是网络安全基础建设不可或缺的角色,但随着攻击技术的发展,当前的防火墙其自身的局限性也越来越明显:防火墙不能防范不经过防火墙的攻击,如拨号访问、内部攻击等;病毒等恶性程序可利用email夹带闯关;防火墙不能解决来自内部网络的攻击和安全问题;防火墙不能防止策略配置不当或错误配置引起的安全威胁;防火墙不能防止利用标准网络协议中的缺陷进行的攻击;防火墙不能防止利用服务器系统漏洞所进行的攻击;防火墙不能防止数据驱动式的攻击;有些表面看来无害的数据邮寄或拷贝到内部网的主机上并被执行时,可能会发生数据驱动式的攻击;防火墙不能防止本身的安全漏洞的威胁。

## 5.5.2 防病毒技术

Internet的开放性成为计算机病毒广泛传播的有利途径,Internet本身的安全漏洞也为产生新的计算机病毒提供了良好的条件,加之一些新的网络编程软件(如JavaScript、ActiveX)也为将计算机病毒渗透到网络的各个角落提供了方便。这就是近几年兴起并大肆肆虐网络系统的"网络病毒"。

1. 病毒的检查方法

检测的原理主要是基于下列五种方法：被检测对象与原始备份的比较法，利用病毒特征代码串的扫描法，病毒体内特定位置的特征字识别法、运用反汇编技术对被检测对象的分析法和校验和法。

(1) 比较法是用原始备份与被检测的引导扇区或被检测的文件进行比较。该方法可能发现异常，如文件长度的变化，或程序代码的变化等。该方法的优点是简单、方便，不需专用软件，缺点是无法确定病毒类型。

(2) 扫描法是用每一种病毒体含有的特定字符串对被检测的对象进行扫描。扫描程序由两部分组成：病毒代码库和对该代码进行扫描的程序。病毒扫描程序可识别的病毒数目取决于病毒代码库中所含病毒的种类。

(3) 特征字的识别法是从病毒体内抽取很少几个关键的特征字来组成特征字库。它是基于特征串扫描法发展起来的一种新方法。该方法由于要处理的字节很少，所以工作起来速度更快，误报警更少。

(4) 分析法是运用相应技术分析被检测对象，确认是否为病毒。分析法的目的在于：确认被观察的磁盘引导区和程序中是否含有病毒；确认病毒的类型和种类，是否为新病毒；弄清病毒体的大致结构，提取字节串或特征字，用于增添到病毒代码库；详细分析病毒代码，为制定相应的反病毒措施制定方案。

(5) 校验和法是通过对正常文件的内容，计算其校验和，将该校验和写入此文件或其他文件中保存，在文件使用过程中或使用之前，定期地检查由现有内容算出的校验和与原来保存的校验和是否一致，从而可以发现文件是否被感染，这种方法称为校验和法。利用校验和法既能发现已知病毒，也能发现未知病毒，但它不能识别病毒类型和指出病毒名称。由于病毒感染并非文件内容改变的唯一原因，文件内容改变有可能是正常程序引起的,因此,该方法经常会产生误报警,且会影响文件的运行速度。

### 2. 染毒后的紧急处理

系统感染病毒后可采取以下措施进行紧急处理:

(1)隔离。当某计算机感染病毒后,可将其与其他计算机进行隔离,即避免相互复制和通信。当网络中某节点感染病毒后,网络管理员必须立即切断该节点与网络的连接,以避免病毒扩散到整个网络。

(2)报警。病毒感染点被隔离后,要立即向网络系统安全管理人员报警。

(3)查毒源。接到报警后,系统安全管理人员可使用相应防病毒系统鉴别受感染的机器和用户,检查那些经常引起病毒感染的节点和用户,并查找病毒的来源。

(4)采取应对方法和对策。网络系统安全管理人员要对病毒的破坏程度进行分析检查,并根据需要决定采取有效的病毒清除方法和对策。如果被感染的大部分是系统文件和应用程序文件,且感染程度较深,则可采取重装系统的方法来清除病毒;如果感染的是关键数据文件,或破坏较严重时,可请防病毒专家进行清除病毒和恢复数据的工作。

(5)修复前备份数据。在对被感染的病毒进行清除前,尽可能将重要的数据文件备份,以防在使用防毒软件或其他清除工具查杀病毒时,也将重要数据文件误杀。

(6)清除病毒。重要数据备份后,运行查杀病毒软件,并对相关系统进行扫描。发现有病毒,立即清除。如果可执行文件中的病毒不能清除,应将其删除,然后再安装相应的程序。

(7)重启和恢复。病毒被清除后,重新启动计算机,再次用防病毒软件检测系统是否还有病毒,并将被破坏的数据进行恢复。

### 5.5.3 入侵检测系统

动态信息安全模型 PPDR——Policy(安全策略)、Protection(防护)、Detection(检测)和 Response(响应)是在整体的安全策略的控制和指导下,在综合运用防护工具(如防火墙、操作系统身份认证和加密等手段)的同时,利用检测工具(如漏洞评估、入侵检测等系统)了解和评估系统的安全状态,将系统调整到"最安全"和"风险最低"的状态。可见入侵检测系统(Intrusion Detection System, IDS)是防火墙的合理补充,扩展了系统管理员的安全管理能力(包括安全审计、监视、攻击识别和响应),提高了信息安全基础结构的完整性。它从计算机网络系统中的若干关键点(不同网段和不同主机)收集信息,并分析这些信息(将事件与入侵检测规则比较),在发现入侵行为与迹象后,及时作出响应,包括切断网络连接、记录事件和报警等。因此入侵检测被认为是防火墙之后的第二道安全闸门,在不影响网络性能的情况下能对网络进行监测,从而提供对内部攻击、外部攻击和误操作的实时保护。

#### 1. 体系结构演变

入侵检测系统的结构大致可以分为主机型、网络型和分布型三种。主机型 IDS 运行于被检测的主机之上,通过查询、监听当前系统的各种资源的使用运行状态,发现系统资源被非法使用和修改的事件,进行上报和处理,如图 5-9 所示。网络型 IDS 通过在共享网段上对通信数据的侦听采集数据,分析可疑现象,不需要主机提供严格的审计,对主机资源消耗少,并可以提供对网络通用的保护而无需顾及异构主机的不同架构。主机型 IDS 可以精确地判断攻击行为是否成功,监控主机上特定用户活动、系统运行情况,适用加密的和交换的环境,不需要额外的硬件设备。网络型

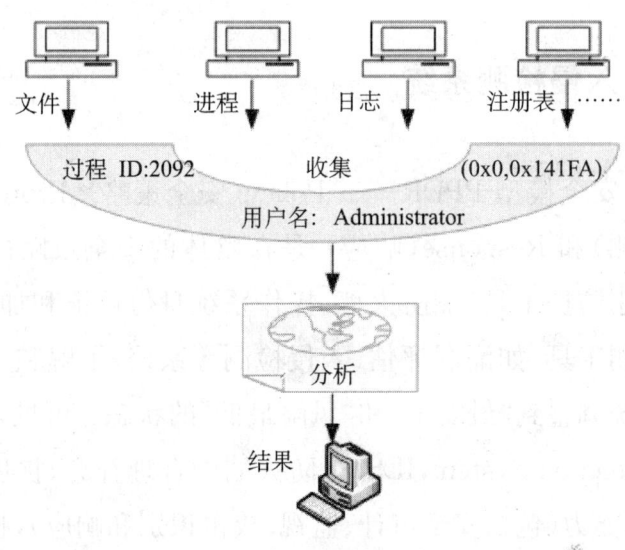

图 5-9 主机型 IDS

IDS 可以实时分析网络数据，检测网络系统的非法行为，而且网络 IDS 系统单独架设，不占用其他计算机系统的任何资源，是一个独立的网络设备，可以做到对黑客透明，因此其本身的安全性高。

主机型和网络型入侵检测系统是一种集中式系统，但是，随着网络系统的复杂化和大型化以及入侵行为所具有的协作性，入侵检测系统的体系结构由集中向分布式发展。不同 IDS 之间通过共享信息，协同检测复杂的入侵行为，如攻击策略识别。除此之外，现代网络技术的发展带来的新问题是，IDS 需要进行海量计算，因而高性能检测算法及新的入侵检测体系也成为研究热点，高性能并行计算技术将用于入侵检测领域。

2. 安全技术综合集成

IDS 尽管能够识别并记录攻击，但不能及时阻止攻击，而且 IDS 的误报警造成与之联动的防火墙无从下手。要解决当前的实际网络安全需求，入侵检测系统将与弱点检查系统、防火墙系统、应急响应系统等逐渐融合，形成一个综合的信息安全保障系统。例如，Secure Decisions 公司研究开发了一个安全决策系统产品,集成 IDS、扫描器、防火墙等功能,并将报警数据进行可视化处理。

3. 标准化

标准化有利于不同类型 IDS 之间的数据融合及 IDS 与其他安全产品之间的互动。IETF(Internet Engineering Task Force)的入侵检测工作组(IDWG)已制定了入侵检测消息交换格式(IDMEF)、入侵检测交换协议(IDXP)、入侵报警(IAP)等标准,以适应入侵检测系统之间安全数据交换的需要。目前,这些标准协议得到 Silicon Defense、Defcom、UCSB 等不同组织的支持,而且按照标准的规定进行实现。开放源代码的网络入侵检测系统 Snort 也已经支持 IDMEF 的插件。因此,具有标准化接口的功能将是下一代 IDS 的发展方向。

### 5.5.4 虚拟专用网

虚拟专用网(Virtual Private Network,VPN)指的是在公用网络上建立专用网络的技术。之所以称为虚拟网,主要是因为整个 VPN 网络的任意两个节点之间的连接并没有传统专网所需的端到端的物理链路,而是架构在公用网络服务商所提供的网络平台(通常是 Internet)之上的逻辑网络,用户数据在逻辑链路中传输。VPN 是通过一个公用网络建立一个临时的、安全的连接,是一条通过公用网络的安全、稳定的隧道,是对政府、企业内部网络的扩展。

1. VPN 的功能

VPN 可以实现不同网络的组件和资源之间的相互连接。VPN 能够利用 Internet 或其他公共互联网络的基础设施为用户创建隧道,并提供与专用网络一样的安全和功能保障。VPN 至少可以实现三个方面的功能：加密数据以保证通过公网传输的信息即使被他人截获也不会泄露，信息认证和身份认证以确保信息的完整性、合法性并能鉴别用户的身份，为不同的用户提供访问控制的功能。

2. VPN 的组网技术

VPN 技术通过架构安全为专网通信提供具有隔离性和隐藏性的安全需求。目前 VPN 主要采用四项技术来保证安全，这四项技术分别是隧道技术(Tunneling)、加解密技术(Encryption & Decryption)、密钥管理技术(Key Management)、使用者与设备身份认证技术(Authentication)。

隧道技术是 VPN 的基本技术，类似于点对点连接技术，它在公用网建立一条数据通道(隧道)，让数据包通过这条隧道传输。隧道是由隧道协议形成的，分为第二、三层隧道协议。第二层隧道协议是先把各种网络协议封装到 PPP(Point-to-Point Protocol)中，再把整个数据包装入隧道协议中。这种双层封装方法形成的数据包靠第二层协议进行传输。第二层隧道协议有 L2F、PPTP、L2TP 等。L2TP 协议是目前 IETF 的标准，由 IETF 融合 PPTP 与 L2F 而形成。第三层隧道协议是把各种网络协议直接装入隧道协议中，形成的数据包依靠第三层协议进行传输。第三层隧道协议有 VTP、IPSec 等。IPSec(IP Security)是由一组 RFC 文档组成，定义了一个系统来提供安全协议选择、安全算法，确定服务所使用密钥等服务，从而在 IP 层提供安全保障。加解密技术是数据通信中一项较成熟的技术，VPN 可直接利用现有技术。密钥管理技术的主要任务是如何在公用数据网上安全地传递密钥而不被窃取。现行密钥管理技术又分为 SKIP 与 ISAKMP/OAKLEY 两种。SKIP 主要是利用 Diffie-Hellman 的演算法则，在网络上传输密钥；在 ISAKMP 中，双方都有两把密钥，分别用于公用、私用。使用者与设备身份认证技术最常用的是使用者名称与密码或卡片式认证等方式。

IPSec 是网络层的安全技术,被广泛地用来构建虚拟专用网络 VPN,包括网络到网络的分支机构互联、主机到网络的安全远程访问和主机到主机的安全通信。按照政府网络管理的要求,政府内网和外网必须物理隔离,以保障含有国家机密信息的"内网"的绝对安全。但随着电子政务、网上政府、政府自身的信息化业务系统等的发展,政府与自身各分支机构、外界相关单位信息交互的"外网"安全和互连互通就变得尤为必要。政策上,从专网专用到逻辑互联的改变,VPN 技术担当重要角色,越来越多的政府部门部署 VPN 系统,实现分支机构互联与随时随地的移动办公。因此,互联网上的大量机密的信息在 IPSec 的安全保护下传送。我国已对 IPSec VPN 进行标准化,对 IPSec VPN 的技术协议、产品的功能、性能和管理以及检测进行了规定,可用于指导 IPSec VPN 产品的研制、检测、使用和管理。

## 5.6　网络生态系统

综上网络与信息安全技术,目前信息安全的概念已经由单纯的信息保护发展为对信息和信息系统的保护,它以保护、检测、反应和恢复功能为基础,为信息和信息系统提供可用性、完整性、保密性、认证和不可否认性等安全服务。这一新的安全概念也被称为信息保障。根据信息保障的要求,为了保证信息的安全,除了对信息进行必要的安全保护外,还应重视提高信息系统的入侵检测能力、入侵反应能力和快速恢复能力。单一的防御措施如加密、防火墙和入侵检测系统(IDS)等显然无法完全满足这些要求,因此,必须对网络进行多层次、深层次的纵深防御才能实现全面的信息保障。

### 5.6.1 网络纵深防御

网络纵深防御是一种采用多样化、多层次的防御措施来保障信息和信息系统安全的策略,其主要目标是在攻击者成功地破坏了某种防御机制的情况下,仍能够利用其他防御机制为信息系统提供保护。

在高度网络化的环境中,纵深防御策略具有丰富的内涵。首先,"纵深"的概念不仅体现为各种防御机制部署位置的多样性和层次性,还体现为各种防御机制在功能上的相互协同和相互补充;其次,纵深防御的内容已不仅仅是传统的单纯的防御,而是将对攻击的反应和系统遭受攻击时的快速恢复也融入到防御的概念中,因而防御的内容更广泛、更深刻;第三,多样化防御意味着可以通过对保护能力、费用、性能和运行限制进行平衡来实施防御,多层次防御则并不意味着需要在网络的各个可能位置都采取防御措施,而是指可以在多个主要位置实施适当级别的防御。

纵深防御强调网络安全的深度,可以让病毒、蠕虫、威胁与黑客攻击行为远离政府网络的进出口。使用多项安全措施能建立起多层安全防范,可大幅度降低攻击所带来的损失,但同时可能带来另一种风险。如果缺乏适当而有效的网络安全报警管理系统,企业将面临许多方面的成本,如:

①运行成本,其中包括监控、检测、训练、报告与审核。要是缺乏有效的网络安全报警管理系统,相关人员就无法妥善监控和检测来自不同安全工具的事件记录,常常要花大量的时间调查只是误报的事件。严格来说,当安全事件发生时,系统及网络管理人员在大多时候是难以即时地监控安全事件及报警,因为多种异构分散的安全设备不断地产生事件和报警事件之多让他们无从处理。例如,在企业高峰时段入侵检测系统1秒发出报警可达100起,对于ISP客户甚至1秒可达1000起,企业的防火墙事件记录

1秒一万起以上。此外对于监控网络安全和处理人员的培训和人员流动一直是对企业的一个挑战。

②响应成本,其中包括响应系统的恢复。许多企业要花费很大的代价才能从网络安全问题中恢复,对于新发现问题和处理的成本就会更高。因此,依赖人工的方式辨识和处理安全事件不能适应当前纵深防御的需求。

使用多种设备进行监测并了解环境的状态在网络安全领域提出纵深防御之前就已出现。此概念早在飞行安全中被提出,称为态势感知(Situational Awareness,SA)。由于飞行设备日益复杂,在该领域中特别注重教导飞行员监控、了解以及回应多项飞行设备所表示的不同数值,使飞行员能有效整合不同设备所表达的意义,维护飞行安全。之后,态势感知的概念被引申到一些较危急、迫切的事件上,如军事方面、能源系统以及灾难回应等,并且强调成功态势感知的关键在于截取来自大量分散式、异构的数据来源后,将这些数据以一种能促使管理者了解其复杂及动态态势的方式出现。

### 5.6.2 网络安全态势感知

网络态势感知源于空中交通监管(Air Traffic Control,ATC)态势感知,这是一个比较新的概念,在这方面开展研究的个人和机构也相对较少。1999年,Tim Bass首次提出了网络态势感知(Cyberspace Situation Awareness)这个概念,并对网络态势感知与ATC态势感知进行了类比,旨在把ATC态势感知的成熟理论和技术借鉴到网络态势感知中去。

所谓网络态势是指由各种网络设备运行状况、网络行为以及用户行为等因素所构成的整个网络当前状态和变化趋势。值得注意的是,态势是一种状态、一种趋势,是一个整体和全局的概念,任何单一的情况或状态都不能称之为态势。网络态势感知是指在大规模网络环境中,对能够引起网络态势发生变化的安全要素进行获取、理解、显示以及预测未来的发展趋势。

网络安全态势感知(Network Security Situation Awareness,NSSA)定义为应用数据融合的方法,将来自不同安全检测工具的报警信息进行融合,分析当前网络所遭受的攻击状态,并根据当前的状态预测下一步网络将遭受到的攻击行为,从而提早地进行响应,阻止进一步攻击行为的发生。

NSSA 与现有的 IDS 之间有区别也有联系,二者的区别主要体现在:

(1) 系统功能不同。IDS 可以检测出网络中存在的攻击行为,保障网络和主机的信息安全。而 NSSA 的功能是给网络管理员显示当前网络态势状况以及提交统计分析数据,为保障网络服务的正常运行提供决策依据。这其中既包括对攻击行为的检测,也包括为提高网络性能而进行的维护。

(2) 数据来源不同。IDS 通过预先安装在网络中的 Agent 获取分析数据,然后进行融合分析,发现网络中的攻击行为。NSSA 采用了数据融合的思想,融合现有 IDS、VDS(Virus Detection System)、FireWall、Netflow(内嵌在交换机和路由器中的流量采集器)等工具提供的数据信息,进行态势分析与显示。

(3) 处理能力不同。网络带宽的增长速度已经超过了计算能力提高的速度,尤其对于 IDS 而言,高速网络中的攻击行为检测仍然是有待解决的难点问题。NSSA 充分利用多种数据采集设备,提高了数据源的完备性,同时通过多维视图显示,融入人的视觉处理能力,简化了系统的计算复杂度,提高了计算处理能力。

(4) 检测效率不同。IDS 不仅误报率和漏报率高,而且无法检测出未知攻击和潜在的恶意网络行为。NSSA 通过对多源异构数据的融合处理,提供动态的网络安全态势状况显示,为管理员分析网络攻击行为提供了有效依据。

同时,NSSA 与 IDS 也存在一定的联系。其中 IDS 便可作为 NSSA 的数据源之一,为其提供所需数据信息。

### 5.6.3 网络生态系统

与自然界中生态系统一样,网络生态系统包括一系列组成成员(参与者),如政府、个人、私营公司、非营利组织、设备(计算机、软件、通讯技术等),这些成员相互作用、影响,产生网络生态系统中的各种行为。自主性、互操作性和身份认证是网络生态系统健康的三大基础。

自主化行动(Automated Courses of Action)是针对网络攻击所需采取的策略,包括了决策和行动两部分。由机器完成判断事件的产生条件、执行预案等工作,从而使网络防御响应速度接近网络攻击的机器速度,而不是人对网络攻击的反应速度。有了这种快速响应能力,网络安全技术人员就能很好地适应入侵者的攻击周期,从容应对网络攻击。自主化行动还可以让网络生态系统更容易适应新的或验证过的安全解决方案。

目前网络安全中,许多可用设备(例如,防火墙、IDS、漏洞扫描和防恶意软件等)独立运作,既没有进行数据交换,也没有统一的安全策略。互操作性允许网络成员在自主化的社区防护上进行无缝和动态协作。通过语义互操作、技术互操作和策略互操作可以整合许多不同成员到一个全面的网络防御系统,以创建新的情报机关,并且以机器的速度制定和执行决策。

身份认证确保网络在线处理是可信的、安全的。对于健康的网络生态系统,身份认证不仅限于网络用户,还包括网络中的各种设备和参与者(如计算机、软件或信息)。这些网络参与者应相互知晓并为自己的行为负责,但在必要的时候要执行可信的匿名交易。身份认证技术依赖于密码、数字证书或生物特征等。

电子政务安全是一项复杂的系统工程,通过自主协作建立一个健康、弹性的网络生态系统将为电子政务的发展提供一个安全、可信的网络平台,从而保障电子政务信息的保密性、完整性和可用性。

# 第6章

# 技术变革中的电子政务

## 6.1 新技术背景下的电子政务建设

当前,移动互联网、云计算、物联网、智能服务、大数据等新一代信息技术的快速发展为电子政务的开展提供了有力工具和环境,在这些新兴技术中,尤其应积极采用云计算、物联网、开源软件等新技术、新模式,以便又好又快地推进电子政务建设,并更好地实现"可靠、低成本信息化"的目标。这些新技术、新理念将催动电子政务的发展创新,让电子政务跟上时代步伐。电子政务是由技术、业务两方面共同驱动的,二者相辅相成。技术大环境正在发生深刻变革,电子政务作为服务渠道必须顺应技术的发展趋势,做出相应改变,提高服务、管理水平,强化执政能力。

## 6.2 "云计算"与电子政务

### 6.2.1 "云计算"

#### 6.2.1.1 "云计算"的概念

云计算(Cloud Computing)是继 1980 年前后大型计算机到客户端—服务器的大转变之后的又一种巨变,是分布式计算(Distributed Computing)、并行计算(Parallel Computing)、效用计算(Utility Computing)、网络存储(Network Storage Technologies)、虚拟化(Virtualization)、负载均衡(Load Balance)等传统计算机和网络技术发展融合的产物。下面从狭义和广义两个角度给出云计算的定义。

狭义云计算是指 IT 基础设施的交付和使用模式,指通过网络以按需、易扩展的方式获得所需的资源(硬件、平台、软件)。提供资源的网络被称为"云"。"云"中的资源在用户看来是可以无限扩展的,并且可以随时获取,按需使用,随时扩展,按使用付费。

广义云计算是指服务的交付和使用模式,指通过网络以按需、易扩展的方式获得所需的服务。这种服务可以是 IT 和软件、互联网相关的,也可以是任意其他的服务。举例说明,这就好比是从单台发电机自供电模式转向了电厂集中供电的模式。它意味着计算能力可以作为一种商品进行流通,就像煤气、水电一样,取用方便,费用低廉。

#### 6.2.1.2 "云计算"特点

云计算是一个模式,使用户可以通过广域互联的网络方便地按需访问可配置的共享计算资源池(例如网络、服务器、存储、应用和服务),只需付出极少的管理成本或极少的服务提供商干预代价就能快速地获取和释放这个池中的计算资源。云计算模式有五个基本特征、三个服务模式和四个部署模式,如图 6-1 所示。

1. 五个基本特征

(1)按需自助服务。消费者可以根据需要单方面自动地获取云计算资源,如服务器的使用时间和网络存储,这个过程对每一个服务提供商来说都不需要人工干预。"云"可以像自来水、电、煤气那样计费。

通过按需自助服务实现两个目标:一是可以实现超大规模按需自助服务。Google 云计算已经拥有 100 多万台服务器,Amazon、IBM、微软、Yahoo 等的"云"均拥有几十万台服务器,企业私有云一般拥有数百上千台服务器。"云"能赋予用户前所未有的计算能力。二是可以实现低成本按需

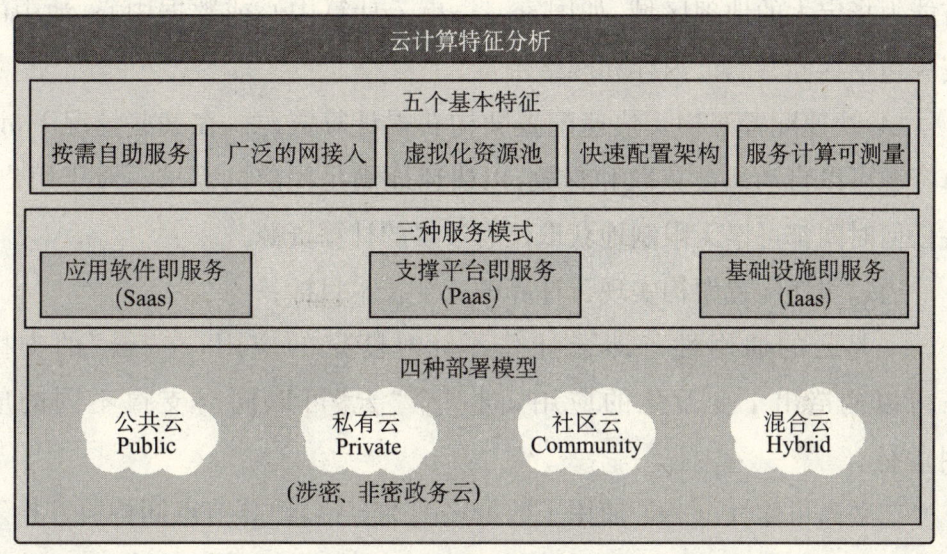

图 6-1　云计算模式图

自助服务。由于"云"的特殊容错措施可以采用极其廉价的节点来构成云,"云"的自动化集中式管理使大量 IT 用户无需负担日益高昂的数据中心管理成本,"云"的通用性使资源的利用率较之传统系统大幅提升,因此用户可以充分享受"云"的低成本优势。

(2) 广泛的网接入。云计算能力可以通过网络获取,并利用标准的机制来促进对各种胖或瘦的客户平台的使用,包括移动电话、平板电脑、笔记本电脑和工作站来实现"云"的虚拟化,云计算支持用户在任意位置、使用各种终端获取应用服务。所请求的资源来自"云",而不是固定的有形的实体,只需要一台笔记本或者一个手机,就可以通过网络服务来实现我们需要的一切,甚至包括超级计算这样的任务。

(3) 虚拟化资源池。服务提供商的计算资源是一个遵循多租户模型,为众多用户按需分配和重分配物理及虚拟资源的资源池。其中一种服务是非位置依赖型服务,即用户无法感知或控制所获得资源的精确位置,但有能力指定大的地理区域,如国家、省、市云计算中心或数据中心,池中的资源包括存储、计算、内存和网络带宽。

(4)快速配置架构。快速配置架构获得计算资源。在某些情况下,计算资源可以自动地被获取和释放,以快速地满足用户的需求。对于用户,在任何时间都可以无限制地获取任意数量的计算资源。

通过快速配置架构实现云计算的三个技术目标:

一是云的通用性。即云计算不针对特定的应用,在"云"的支撑下可以构造出千变万化的应用,同一个"云"可以同时支撑不同的应用运行。

二是高可靠性。"云"使用了数据多副本容错、计算节点同构可互换等措施来保障服务的高可靠性,使用云计算比使用本地计算机可靠。

三是云的高可扩展性。云计算的规模可以动态伸缩,满足应用和用户规模增长的需要。

(5)服务计算可测量。云计算系统自动地控制和优化资源的使用,其机制是根据测量,并在某些抽象级别上影响分配给不同类型服务资源的数量(如存储、计算、带宽、活动用户数等)。资源的利用率可以被测量、控制和报告,无论是提供商还是消费者,都可以获得服务使用方面的透明度。

通过云计算的特征分析,进一步明确与细化了全球IT行业认知的SOA架构、互操作性与互连接,强调更好的客户体验和便捷接入、更强的客户完全智能自定义,创新服务外包和新商业模式。

2. 四种部署模式

(1)私有云(涉密、非密政务云)。云基础设施只被一个由多个用户组成的组织使用,其多数存在物理隔离或逻辑隔离的网络系统,电子政务兼容涉密内网、非密外网信息系统基本都是这种方式。

目前,各部委、地方各级政府的机房、网络设备、计算与存储设备基本上都已实现统一建设,支撑平台与应用平台还没有实现按统一标准规范建设。政府的非密政务云也不会按完全IT企业规划方式进行建设,不具备IT企业定义的所有基本特征,也可以将其理解为是私有云。

(2)社区云。云基础设施被提供给一个特定组织的用户使用,这些用户共享他们的关注(如:任务、安全需求、策略和顺从性考虑)。一个或多个社区中的组织、第三方或二者的合作组织可以拥有、管理和操作维护这些云基础设施,云基础设施可以在社区范围内或不在范围内。

(3)公有云。云基础设施被开放提供给公众使用。商业、学术或政府组织,以及它们的合作组织可以拥有、管理和操作维护这些云基础设施,云基础设施在云提供商的范围内。

(4)混合云。混合云是由两个或多个不同类型的云基础设施(私有云、社区云或公有云)组成的。混合云依然是唯一的实体,但是通过标准化的或专有的技术绑定在一起,使得数据和应用在多个云之间实现负载均衡以应对突发需求。

3. 三种服务模式

云计算有三种服务模式,如图6-2所示。

(1)基础设施即服务(IaaS)。提供给用户的能力是提供可以部署和运行任意软件的计算、存储、网络和其他基础的计算资源。用户不用管理或控制底层云基础设施但必须控制操作系统,存储、部署的应用程序和有限度地控制所选用的网络组件,例如防火墙。

显然,对电子政务系统而言,这种方式是不可接受的。非密的政务系统可以借鉴这种模式,但其组织与管理仍由政府相关部门负责。

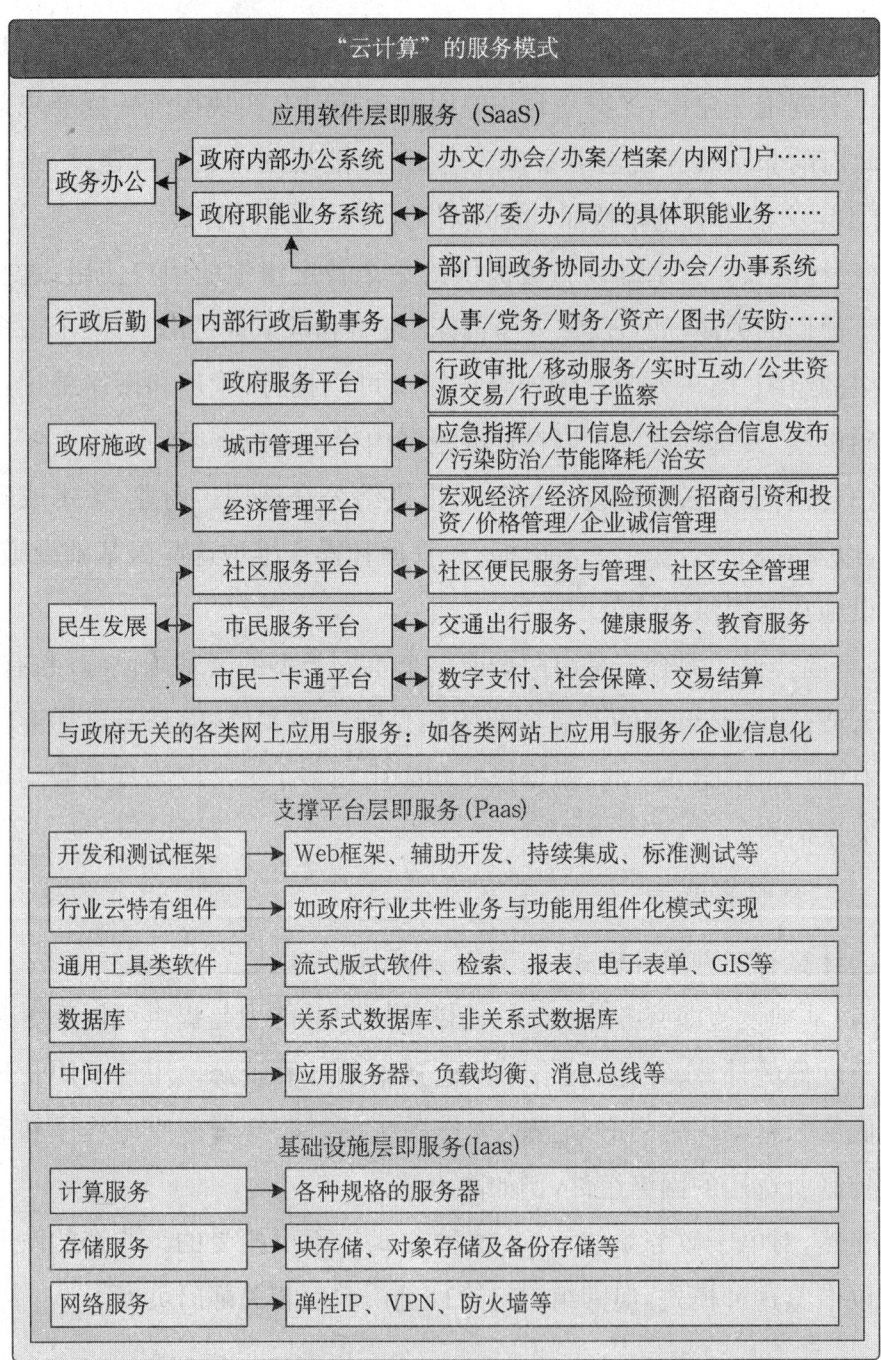

图6-2 云计算的服务模式

(2)支撑平台即服务(PaaS)。提供给用户的能力是用云供应商支持的编程语言、库、各类工具类软件、业务与功能组件,或者辅助工具平台进行开发,由用户创建的或者购得的应用程序部署到云计算基础设施上。用户不用管理或控制底层的云基础设施,包括网络、服务器、操作系统、存储,但必须控制被部署的应用以及可能的应用程序主机环境的配置。

对电子政务系统而言,单位可以按统一标准去规划、建设与复用共性技术支撑平台,提高系统的稳定性、可扩展性,因实现标准化,安全保密措施可以进一步加强。

(3)应用软件即服务(SaaS)。用户可以使用云基础设施、支撑平台运行应用。用户在各种各样的终端设备上如网络浏览器的简易界面访问应用。用户既不管理也不控制底层的云基础设施,包括网络、服务器、操作系统和存储,用户甚至不能单独使用应用软件,一个可能的例外是有限度地设定用户特殊的应用配置项。

对电子政务系统而言,如能实现按统一标准定制共性应用系统,一方面可以确保相关的各类软件透明无后门,另一方面可将各环节保密工作需求固化到应用系统中,将实现多种安全保密措施交叉控制,互相制约,可以提高电子政务系统的安全保密性。

## 6.2.2 规划建设云计算时代电子政务系统

通过对"云计算"分析,我们可以找出其合理的内涵、积极因素,为新一代电子政务系统的解决方案、系统新建与升级所用。

### 6.2.2.1 "云计算"时代电子政务系统的难点

云计算模式在兼容涉密的电子政务领域并不能简单直接复用,需要根据电子政务实际现状进行取舍,并找出电子政务系统利用云计算概念的难点。我们可归纳出"云计算"的业务模型是:"标准化"的"综合对象"之"统筹或集成"。其综合对象、标准化范围的基本现状如图6-3所示:

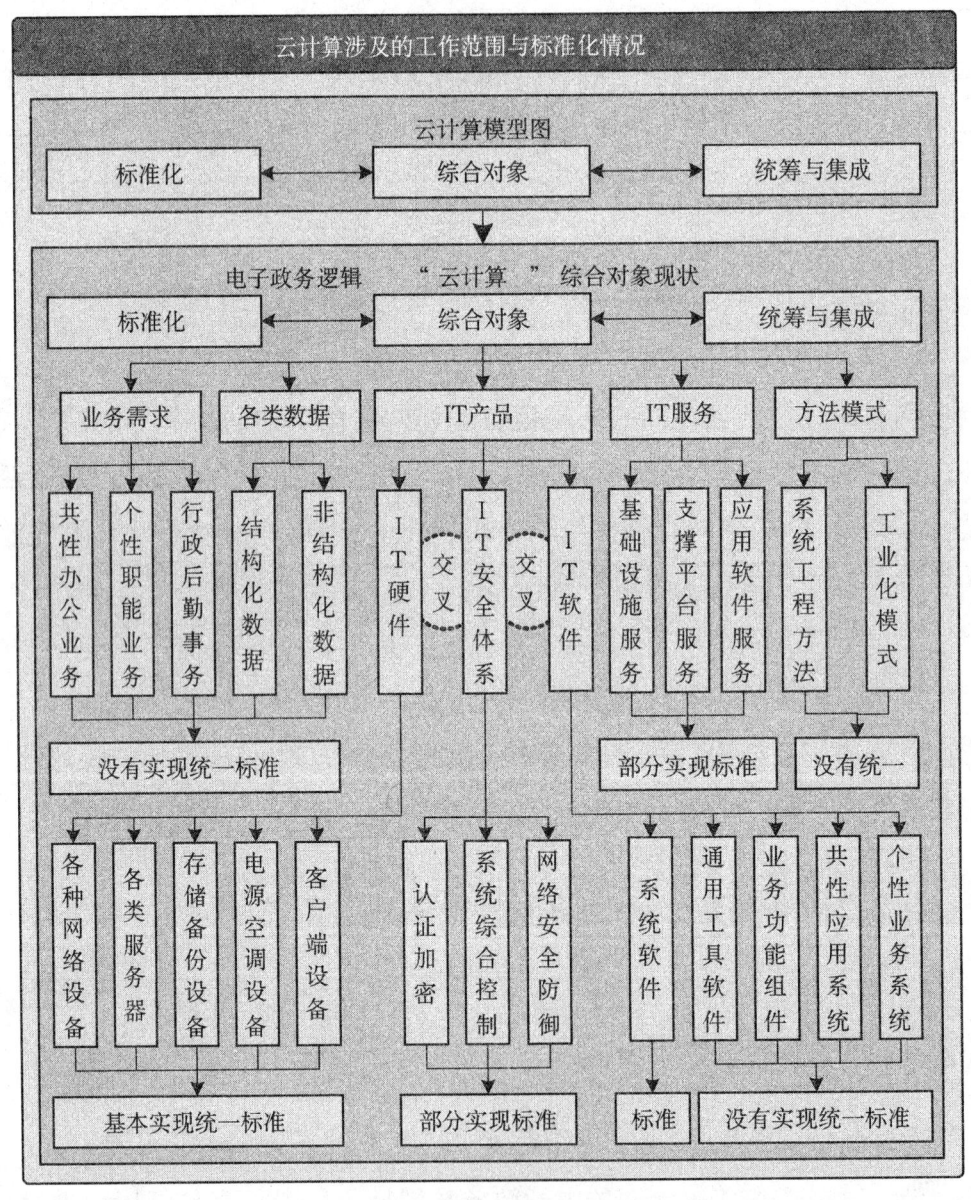

图6-3 云计算综合对象和标准化范围图

其中,"标准化"是基础,"综合对象"是要解决的问题,"统筹与集成"只是解决问题后的具体形态。

对"云计算"时代电子政务系统相关因素标准化的问题,IT硬件系统部分多数已实现标准化,系统软件也基本实现标准化,但仍有很多环节还需要尽快实现标准化。否则,新一轮的综合资源投入后,仍难取得理想效果,也难可持续发展。我们认为电子政务领域云计算有三个难点:

难点之一是标准化问题。根据综合分析,IT硬件系统(网络设备、各类服务器、存储备份、虚拟化、客户端设备等)、基础类软件(操作系统、数据库、应用服务中间件)基本已实现标准化;但共性业务需求规范、各类数据格式标准、常用工具类软件、业务与功能组件、共性与个性应用系统的接口标准以及兼容涉密系统的统一管理控制体系等基本没有实现标准化,服务与管理模式也没有实现标准化,服务模式与工作方向也没有标准规范体系。

难点之二是业务整合创新。如何在利用云计算的服务模式时既要保证内部电子政务系统的安全可靠,又要为外网打造网上服务创新型政府,创新向企业与公众提供方便、快捷、安全、个性化的服务,是当前云计算电子政务面临的重要问题。

难点之三是统一问题。目前我国绝大多数东部地方将"云计算"按照IT企业的理解与方案,建成"网络统一、机房统一、计算统一、存储统一"("四统一"),这一部分解决方案与具体技术实现已比较成熟,也是IT企业愿意实施的领域,从表面上看也容易在短时间内取得巨大成绩与利益,而且无风险。

但我国电子政务领域内的云计算模式,不仅仅是"四统一",而且还应做到"业务需求规范统一、数据格式标准统一、软件产品与应用系统接口标准统一、测试标准统一、安全保密方案统一、建设与管理机制统一"("十统一");后"六个统一"才是电子政务领域"云计算"模式真正的难点。

### 6.2.2.2 "云计算"时代电子政务系统建设原则

根据上述综合分析,我们需进一步阐述"云计算"时代规范建设新一代的电子政务系统的指导思想。

(1)与国家相关主管职能部门规划发展方向保持一致;使用相对成熟的硬件技术,不做技术试验田;执行国家出台业务需求规范、软件与数据格式标准,确保我国电子政务可持续发展。

(2)提供多层次的资源共享,让各级单位共享云计算平台综合资源,让机关各级用户按权限共享信息,让市民及时便捷获取与政府互动信息,而不是简单的服务器存储资源的共享。

(3)提供业务标准规范化创新平台,鼓励各部门基于平台进行业务,逐步实现标准规范化,新建与升级原有系统,以平台引领新一代电子政务系统建设。

(4)提供完善的安全保密机制,同时实现不同网络间信息安全交换与共享。一方面让党政机关内部安全可靠利用电子政务系统,另一方面让政府外网用户、企业、公众、商业部门放心地使用公开的云计算服务。

(5)颁布电子政务系统的云计算支撑平台软件开发标准,让各个部门的新建系统与升级应用系统有据可依,这些标准不是制约业务的开发,而是让遵循这些标准的应用更容易实现按电子政务系统强制要求开发和部署。

(6)颁布云计算时代的内网与外网服务标准,让新服务的使用者可以以一致的习惯来使用服务,从而让新服务更容易地推广各类兼容涉密应用。

(7)尽量兼容已有的应用,让原有应用不做大的修改也可享受云计算的好处,新建设基于云计算平台的共性应用系统,实现各级政府的二级单位应用分期分批平稳过渡,不与现有应用发生冲突。

**6.2.2.3 "云计算"时代电子政务系统指导思想**

根据上述综合分析,我们需进一步阐述"云计算"时代规范建设新一代的电子政务系统的指导思想。

**1. 用系统工程思想规划政务系统**

在没有计算机系统之前,党政机关通过一套完整的组织机构体系形成对党政机关各项工作的一体化管理与服务。有了计算机系统之后二十年来,由于各应用系统采取的是分散规划、设计、建设、应用、管理与运维,产生了众多的技术孤岛,形成信息孤岛,导致业务工作的分割。

"云计算"时代电子政务系统,用系统工程的思想,对各类党政机关工作统筹规划、统一设计与建设,同步解决综合办公业务、综合管理与服务功能需求、安全保密需求、技术实现方案和标准规范一体化实现。

**2. 明确技术实现与业务之间关系**

电子政务系统不是简单将党政机关现有业务活动计算机化或集中处理,而是需要对传统工作方式进行归纳、梳理、提炼并进行业务及管理、安全、保密、技术与标准规范的整合与创新,使之既符合传统业务工作特征,又可最大化符合计算机系统的特长,达到党政机关充分利用信息技术更好地履行其职能的目的。简单地将党政机关业务活动计算机化,在网络上集中实现各种功能与服务,表面上看起来省事,但回避了党政机关业务流程重构的许多矛盾,实质上却背离了电子政务系统的基本目标,是少、慢、差、费的不明智之举。

因此,任何电子政务系统工程项目都应以审视、研究、评估现有的党政机关业务流程与工作模式为起点,以改造和优化现有的业务模式为重点,以既方便机关人员综合办公又确保安全保密为着眼点,以实现对内为公务人员,对外为公众提供综合管理与服务为终点。

### 3. 梳理"云计算"时代制约问题

解决规划的片面性问题。长期以来我国各级党政机关制定电子政务系统综合规划与解决方案,多数是由商业公司在幕后代劳,只有一些成熟的单项职能业务系统由政务部门自己制定规划。而我国商业公司由于自身技术积累所限,多数没有一体化系统的规划、设计、研发与应用的成功经验,由其代为设计的整体解决方案效果可想而知。

"云计算"时代还要解决"硬技术"与"软环境"不均衡问题。我国在推进信息化进程中多轮投入大量的资源建设和完善硬件环境,但是在信息化的"软环境"建设方面,如商业模式、共性业务需求规范、基础数据格式标准、系列软件研发与应用接口规范、信息化教育等方面还有大量工作要做。

### 4. 用工业化模式建设新政务系统

我国十多年的电子政务系统规划与建设工作,多是没有按"一体化、标准化、集约化、系列化、产品化、组件化、专业化和社会化"的工业化模式规划、投资与建设的自主可控的兼容涉密的信息产业体系,而是采取手工作坊模式进行分散投资、重复建设、低水平建设、单一模式建设,业务需求、数据格式、产品接口标准等综合成果完全私有,无法互通实现信息共享。

进入"云计算"时代,应采取工业化模式规划建设新一代兼容涉密的电子政务系统。

#### 6.2.2.4 "云计算"时代电子政务系统特征

根据我国信息技术具体应用、电子政务系统建设的实际情况,借鉴"云计算"概念,我们提出"云计算"时代电子政务系统的特征及需要实现的目标。

1. 综合办公业务将实现标准化与一体化

长期以来,各单位共性与职能办公业务、安全保密业务由信息技术辅助实现时,多数采取分散规划、设计、建设、应用、运维和升级,由于各子系统由不同的 IT 公司承建,既没有实现标准化,更无法实现一体化。

"云计算"时代的涉密信息系统将创新实现我国电子政务系统业务标准化、一体化,将对政府传统的对内行政管理工作与对社会表层服务一体化、共性电子文件办公与个性职能业务办公实现标准化、一体化。

2. 技术实现标准化一体化和兼容国产化

长期以来,电子政务系统建设过于强调集成商的作用,各类工具类软件、业务与功能组件、认证加密类软件和共性办公、职能业务系统技术实现过程中,采取的是技术完全分散与私有,没有形成合力,其结果是既无法实现标准化,也无法实现一体化,更难以推动国产化发展进程。

"云计算"时代的电子政务系统在政务业务实现标准化、一体化的前提下,实现电子政务系统所需各类软硬件技术与产品的标准化、一体化与国产化,致力于推动具有自主知识产权的信息产业体系在电子政务系统领域内率先应用。

3. 内外网与因特网、移动网将实现一体化

信息化最终目标是实现网络互联互通、信息共享。目前,政务综合办公和部分业务系统一般是在内网中实现,行政审批服务与监察、部分职能业务系统是在外网上实现,公众上网与政府互动是在因特网、移动网中实现。

"云计算"时代的电子政务系统规划与建设,根据《新保密法》的要求,既要解决电子政务系统安全保密需求,又要解决不同网络间在确保安全保密的前提下实现各类网络安全隔离在线交换、互联互通,各类信息有控制地实现共享。

4. 规范建设可复用工具与业务功能组件

在"云计算"三种服务模式"基础设施即服务、共性支撑平台即服务、应

用软件即服务"中,共性支撑平台是核心,起着承上启下的作用。其中关键点是如何按统一标准打造可复用的工具软件、业务与功能组件和起集成作用的应用软件辅助定制平台系统。

可重复调用的业务与功能组件建立在政务业务标准规范和电子技术标准化基础上,是新一代电子政务系统框架体系的核心,也是新政务体系的管理控制中心,为未来各部门应用系统快速构建提供可重复调用的功能组件。主要包括电子政务系统使用的工具类软件(文字编辑、版式文档、报表工具、电子表单、全文检索、工作流、GIS等)、业务与功能组件(组织机构管理、用户管理、权限管理、领导批核、授权管理、打印管理、办文管理等)、统一认证加密,辅助办公系统定制平台、信息发布利用(即内外网门户)定制平台和安全隔离在线交换系统等。

电子政务系统使用的工具类软件、业务与功能组件的含义是指这些软件被强制增加"涉密、非密标识"。接受"三权分割、四级控制"体系的统一管理。

可重复调用的工具与业务功能组件仓库提供大量通用、易用、可复用、标准化的组件,具有高内聚、低耦合的优点,既利用标准规范来约束组件的内部结构,保证组件以规范化的方式提供对外服务接口和扩展接口,又能保证组件具有良好的扩展性和随需应变的能力。采用可重复调用的功能组件有利于在政府信息化行业形成软件开发的规模效益,其优势在于 缩短开发时间、降低集成费用、开发更具灵活性、降低软件维护费用。

### 6.2.2.5 通过"云计算"解决原建设模式问题

**1. 电子政务系统建设单位的问题**

原有的建设模式存在的问题包括:具有大量基础实施建设需求,投资巨大;软硬件资源共享不足,利用率偏低;各类单点故障多,系统稳定性差,可用性不高;运行环境复杂,系统监控、运维、迁移困难。

"云计算"时代的解决方案包括:管理(体制)上克服体制弊端,整合单位现有资源,节约投入成本,防止重复建设,避免各自为政。在技术上基于云计算模式,运用虚拟化技术,对现有的硬件资源进行整合,实现IT治理,提高IT资源的利用率,降低能耗,打造绿色电子政务系统。

2. 电子政务系统开发单位的问题

原有的建设模式存在问题包括:协同共享无标准,难于协调,稳定性及安全性无法保障;通用基础功能及业务支撑不统一,重复开发严重;基于项目,即使是同样的系统,但个性化需求很多,开发成本过高,无法实现软件标准化、产业化、规模化。

"云计算"时代的解决方案包括:基于云计算特性,集中建设电子政务系统通用服务支撑平台,解决80%以上的兼容涉密的通用应用需求,并提供统一规范的业务支撑、数据交换、工作协同及信息共享体系及相关标准。

各部门可以通过区域电子政务系统通用服务系统、内网集中服务系统,来搭建满足自身业务需求的各种应用,打破传统应用软件开发及建设模式、降低项目风险,缩短建设周期,节约项目建设和实施成本。

3. 电子政务系统各类用户的问题

原有的建设模式存在问题包括:客户端环境不一,使用存在困扰;无法按需获取信息;缺乏多终端设备接入,应用效率及范围受限。

"云计算"时代的解决方案包括:基于云计算特性,利用不同等层级共性与应用软件标准化建设模式,新建、升级、改造及整合各类兼容涉密业务系统,提升用户体验。电子政务系统云平台将多种渠道和多云端接入方式相结合,为用户提供便捷和高效服务。

### 6.2.3 建设我国电子政务云计算平台的必要性

**1. 有利于打破技术壁垒实现各系统间互联互通**

以往我国电子政务建设是部门项目分别实施,给各系统间的互联互通和系统维护带来了不便,信息孤岛林立。通过云计算平台的建设,通过平台中数据交换平台、目录服务平台、融合数据库服务平台的建设实现互联互通,有利于打破信息孤岛,实现"纵强横强"多赢局面。

**2. 有利于资源共享降低电子政务建设综合成本**

以往我国电子政务建设是部门项目分别实施,分散建设,重复投资,资源利用率低,通过云计算平台的建设可在多个层次上实现资源共享,如机房层次的共享、基础设施层次的共享、支撑平台层的共享、共性应用层的共享,从而提高利用率。

**3. 构筑云计算系统是转变政府职能的必要手段**

通过云计算新系统框架体系的建设,推进政府管理和服务的标准化,增加办事透明度,实施党委、人大、政府、政协及各下属单位一体化网上办公,将提高党与政府的工作效率;实现多级联动网上审批与服务和一站式审批,将大部制改革的成果惠及市民,让社会和市民感受大部制改革后政府效率和服务水平的提升。

**4. 有利于各个部门协同工作提高工作效率**

通过通讯录、即时消息、邮件、电话、数据会议、视频会议等统一通信手段,把各级政府相关业务部门联系在一起,提高沟通效率,使各个部门可协同工作,高效率地处理跨部门工作流程。

## 6.2.4 我国电子政务云计算平台的设计原则

1. 先进性

广泛采用虚拟化、自动化调配等先进技术与模式,并与电子政务业务相结合,确保先进技术与模式应用的有效与适用。

云计算平台的建设与业界流行的云计算理念是一致的。方案应将云计算的技术先进性和理念先进性体现在云计算平台这一具体的项目上,突出云计算带来的价值。

2. 可扩展性

云计算平台的支持资源需要根据业务应用工作负荷需求进行伸缩,这样,性能及与服务水平就能很好地匹配。应用程序及其数据松散耦合,使可扩展性最大化。在系统进行容量扩展时,只需增加相应数量的硬件设备,并在其上部署相应的资源调度管理软件和业务应用软件,即可实现系统扩展。

3. 成熟性

政务外网的云平台建设,要充分体现系统的成熟性。要考虑采用成熟的各种技术手段,实现各种功能,满足政务部门的业务要求。

4. 开放性与兼容性

云计算平台采用兼容业界通用的服务器,并能够兼容主流的操作系统、虚拟化软件,以及应用程序,只有这样才能帮助采用云计算技术的服务商和用户大大降低开发、运营、维护等成本。

5. 可靠性

云计算平台需提供可靠的计算和存储资源。系统需要在硬件、网络、软件等方面考虑一定冗余,避免单点故障,保证客户系统可靠运行。

### 6. 安全性

云计算平台与各级政府外网、国际互联网分别连接，必须防范网络入侵攻击、病毒感染；同时，云计算平台的资源共享给不同的系统使用，必须保证它们之间不会发生数据泄漏。因此，云计算平台应该在各个层面进行完善的安全防护，确保信息的安全和私密性。

### 7. 多业务性

运营管理平台能将大量用网络连接的计算资源、存储资源进行统一管理和调度，构成一个资源池向多个用户（多种业务）提供按需服务，这是本次系统建设需要重点考虑的疑难问题。

### 8. 国产化

政务外网云计算平台产品的选型，在国产化产品和国内外同类产品具备相当的性能及可靠性的情况下，优先选择国产化产品，以推进信息化产业链发展。

## 6.2.5 我国电子政务云计算平台系统的体系结构

鉴于云计算平台应用需求的提出是一个渐进的过程，云平台建设是一项复杂的系统工程，建议政务外网云计算平台遵循长期规划、分步实施的原则。本期工程工作重点：

（1）建设通用的基础设施(IssS)。按统一标准规范建设各级政府共享的基础设施。

（2）完善数据交换平台(DssS)。实现数据信息分类服务和数据融合服务。

（3）有选择地建设政务共性支撑平台(PaaS)。包括共性应用支撑平台（统一授权人员、信息分类、权限分配）、工具类软件、共性业务与功能组件、认证加密与安全服务平台、辅助研发应用软件平台等。

（4）示范建设共性应用平台(SssS)。重点建设全国共用云模式综合办公系统(办文办会办事系统、档案管理系统、内外网信息发布利用系统、分期逐步迁移各级单位 OA 系统)、移动办公与短信平台、新建与完善共用数据中心相关应用系统。

目前,我国电子政务云计算平台系统的体系架构方面的内容包括:

1. 拓扑架构

根据政务外网云计算平台的需求和建设目标,政务外网云计算平台总体拓扑结构如图 6-4 所示。

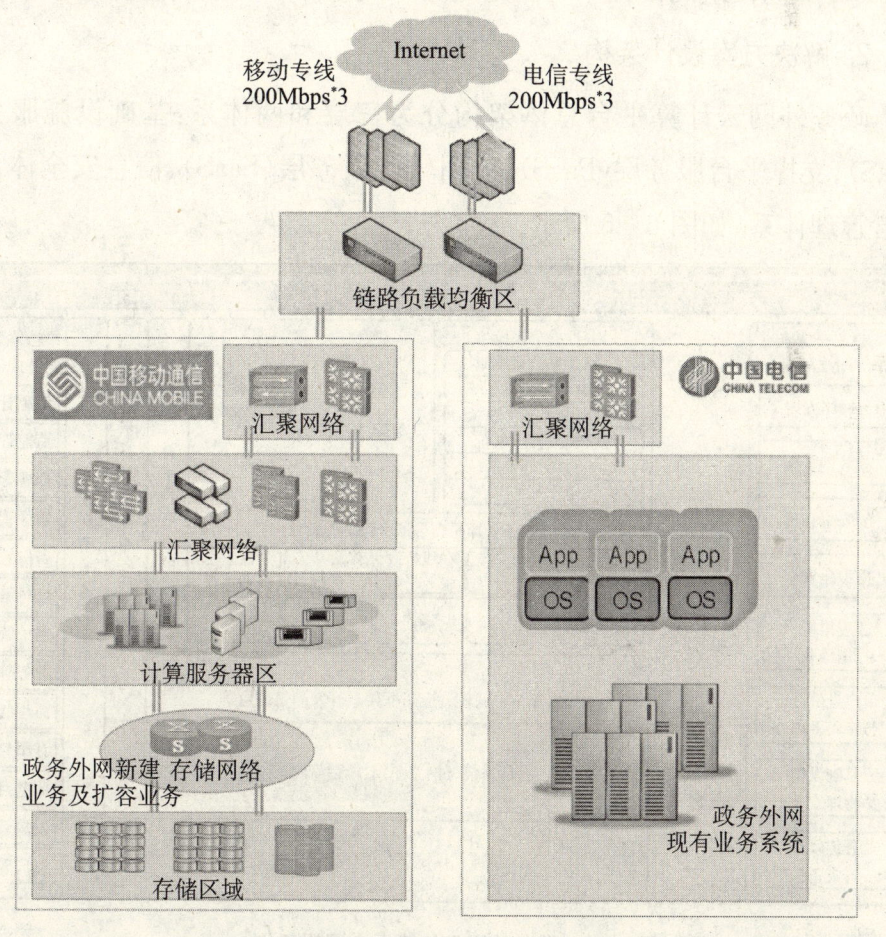

图 6-4 政务外网云计算平台总体拓扑架构

三条移动互联网专线接入,通过链路负载均衡器实现多互联网出口链路负载均衡及高可用。任何 ISP 专线故障不影响业务系统正常访问;通过智能 DNS 系统实现接入用户的就近访问,即电信用户访问互联网接入区走电信链路,移动用户访问互联网接入区走移动链路。

政务外网现有部分电信承建业务系统,由电信自行建设 IT 资源池并将相应业务系统迁移到电信 IT 资源池;移动公司新建独立政务外网 IT 资源池,满足新建业务系统和现有业务系统扩容需求。电信 IT 资源池和移动 IT 资源池在组网设计上均满足政务外网分区及安全隔离要求。

2. 解决方案设计架构

政务外网云计算平台总体架构分为三层和两体系:基础设施服务层(IaaS)、支撑平台服务层(PaaS)、应用软件服务层(SaaS)、信息安全体系和运营管理体系,如图 6-5 所示。

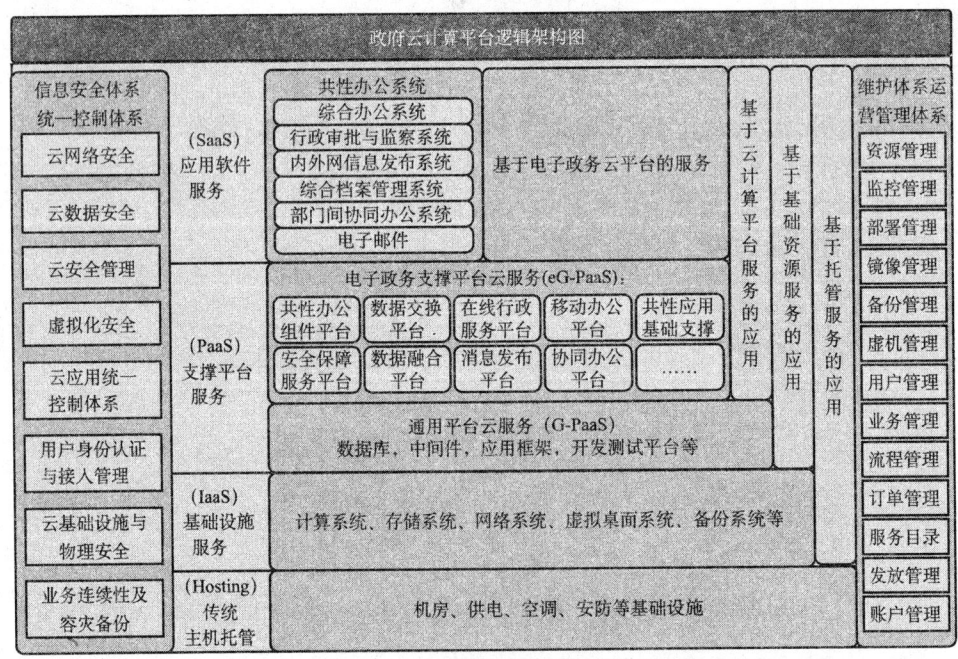

图 6-5 政务外网云计算平台逻辑架构

(1) 主机托管层(Hosting)。提供托管服务,主要服务于只希望共享机房、带宽、供电等传统IT服务的项目,这个服务主要针对原有已建成系统的迁移,特别是被迁移项目中需要目前云中心无法在IaaS层提供的资源类型,如小型机。

(2) 基础设施服务层(IaaS)。提供基本的计算、存储、网络服务;服务于只希望共享计算、存储、网络的项目,这个服务主要针对原有已建成系统的迁移,在这个层次上除了可享受基础资源的虚拟化服务外,还通过资源池实现资源的动态分配、再分配和回收。目前资源池主要分为计算资源池、存储资源池和网络资源池,同时也包括软件和数据等内容资源池。

(3) 支撑平台服务层(PaaS)。分为两个层次:通常意义上的平台层(G-PaaS)和针对电子政务进行支撑的政务支撑平台层(eG-PaaS)

支撑平台服务层主要提供应用开发、测试和运行的平台,用户可以基于该平台,进行标准化应用的快速开发、测试和部署运行,它依托于云计算基础架构,把基础架构资源变成平台环境提供给用户和应用。为业务信息系统提供软件开发和测试环境,同时可以将各业务信息系统功能纳入一个集中的云OA平台上,有效地复用和编排组织内部的应用服务构件,以便按需组织这些服务构件。典型的如门户网站平台服务,可为用户提供快速定制开发门户网站提供应用软件平台,用户只需在此平台进行少量的定制开发即可快速部署应用。云综合办公系统,各单位用户分散规划建设的办公系统将分期逐步迁移到云办公系统平台上。

电子政务支撑平台层则提供针对电子政务应用的特有的平台层服务,如方便数据资源共享的数据交换平台、数据目录服务平台;标准化的业务与功能组件可快速架构建设标准化的综合云办公系统、档案系统、信息发布利用系统等共性应用等。通过这些平台服务可使得电子政务应用的开发、测试和部署更方便更快速,让相关人员聚焦于项目的实际需求,而不是通用的技术性事务上。

应用软件即服务层(SaaS)。典型的运用模式就是用户通过标准的 Web 浏览器来使用 Internet 上的软件,因此不必购买软件,只需要按需租用软件直接应用或由市统一建设共性应用系统提供给各二级单位免费使用。典型的如电子邮件系统的在线软件服务,用户只需作简单的域名设置,即可部署本单位的电子邮件服务。

在这个层次上,云计算平台还提供了共性的政务办公应用供各个政府部门使用,如云综合办公系统、云电子档案系统、云信息发布系统、行政审批服务系统等。具体方式可由全市统一规划、建设综合云办公系统,各二级单位可分期分批逐步迁移到云综合办公平台上免费使用,做到原有系统功能全部继承、原有系统数据全部继承。

云计算平台信息安全管理体系。针对云计算平台建设,以高性能高可靠的网络安全一体化防护体系、虚拟化为技术支撑的安全防护体系、利用云安全模式加强云端和客户端的关联耦合,以及采用非技术手段补充等保障云计算平台的安全。

运营管理体系包括运行维护管理和运营管理,包括保障云计算平台的正常运行,提供资源管理、调度管理、监控管理等运维功能,以及业务管理、流程管理、订单管理等运营功能。门户管理包括运维管理的门户和运营管理的门户,是政务云平台对外提供服务的界面。

## 6.3 物联网与电子政务

### 6.3.1 物联网的概念

物联网是指物品通过各种信息传感设备与互联网连接而形成的一个

巨大的网络。物联网是继计算机、互联网与移动通信网之后的又一次信息产业浪潮。2011年11月,工业和信息化部发布了《物联网"十二五"发展规划》。规划指出,物联网已成为当前世界新一轮经济和科技发展的战略制高点之一,发展物联网对于促进经济发展和社会进步具有重要的现实意义。到2015年,我国要在核心技术研发与产业化、关键标准研究与制定、产业链条建立与完善、重大应用示范与推广等方面取得显著成效,初步形成创新驱动、应用牵引、协同发展、安全可控的物联网发展格局。

物联网可以真正实现"数字城市"、"感知城市"。目前国家提出的"感知中国"计划,将推动物联网在全国各地电子政务建设中的应用。物联网的应用领域很广,尤其是与电子政务关系特别密切的城市管理、公共安全、智能交通、环境监测、远程医疗等领域,物联网都可以大大提高政府工作和服务的效能。前些年在数字城市建设中,已建设了一些针对特定应用的物联网子系统,今后应当将它们扩展、提升、整合,实现资源共享,建成覆盖多领域应用的统一管理、控制、运营的一体化物联网,达到"感知城市"的目标。目前制约物联网发展的重要因素是缺乏统一的标准,因而难以整合。我国已成立物联网标准联合工作组,希望能及早介入这一领域,尽快制订各项标准。物联网和云计算是密切相关的。一方面,大规模物联网必然要依托云计算平台,它相当于物联网的"大脑",接受物联网众多设备传来的信息,通过处理后,再控制和管理这些物联网设备,实现特定的服务。另一方面,随着云计算的发展,它的服务领域正在不断扩大,将覆盖HaaS(硬件作为服务)、IaaS(基础设施作为服务)、PaaS(平台作为服务)、SaaS(软件作为服务)、DaaS(数据中心作为服务)、MaaS(物联网作为服务)、TaaS(一切事务作为服务),因此云计算的高级阶段将具有物联网服务能力。

### 6.3.2 电子政务中物联网应用的必要性

(1)中国正在走向世界,世界各国都在积极发展电子政务系统,中国电子政务发展也不可能置身事外。提高政府行政效能,提升政务管理水平,利用数字化信息,探索物联网的应用模式,掌握政务前沿信息,加大政府部门在物联网环境下的应用力度,才能适应全球的数字化信息时代。

(2)由于各个政府部门都有一套自己的电子政务系统,各个电子政务系统处于分散开发阶段,使得各系统不能实现信息共享,造成了信息孤岛和重复建设现象。物联网的发展能够为各个孤立的电子政务系统建立一个统一的公共平台构架,实现系统的整合,开展物联网在政务领域的应用对于改变政府各部门分散开发、孤立发展的局面十分必要。

(3)物联网用于电子政务能够让行政部门直接快捷地掌握大量第一手信息,有力地支持正确决策,提高政府的决策水平。

(4)发展电子政务物联网是突出以人为本、丰富服务内容的需要。只有在物联网下强化资源整合、信息共享和业务协同,才能有效增强电子政务整体效能,提升公务管理与服务,实现数据的共享、协同、公开,真正做到以人为本、服务社会。

### 6.3.3 物联网对服务型政府的影响

1. 行政组织功能的多元化

政府信息化系统的应用和实施将改变传统行政组织由过去一元的管理功能向服务、管理、消费三种功能并存转化。具体表现在:一是就行政组织的服务功能看,在主体角度上,改变了服务技术手段落后的问题,保证了公共服务的公正性和公平性。在客体角度上,提高政府及其服务的可接近性和易获得性,确保政府公共信息服务的非排他性,使政府信息真正具有社会公共性质。二是就政府组织的管理功能看,通过网络获得真实、准确、全面、及时的社会信息,由政府建立大型的专门数据库,在行政决策、政府指令传递、调控管理中发挥作用,使行政组织的管理功能具备了现代化、高效化的基本要求。三是就政府组织的消费功能看,在信息网络的全面支持下实现政府采购的国际化,使政府公共消费功能得到更加全面的发挥,不仅节省了时间、精力和财力,也减少了不必要的中间操作环节所产生的麻烦。

2. 行政组织形式的扁平化

物联网及电子政务对服务型政府的建立,最为深远的影响就是将传统"金字塔"式组织形式改为扁平的组织形式,从而缩减中间管理层,达到精简机构的目的。在传统的政府机构中,中间管理层是信息通讯技术落后的产物,它的存在既减缓了信息传递的速度,又造成了信息的严重失真。物联网及电子政务的出现,通过现代信息技术将加强操作执行和高层决策层的直接沟通,通过办公自动化,使高层决策层信息处理能力提升,中间管理层由此将逐步缩减以至最终被取消。另一方面,物联网及电子政务由于其技术条件的支持,使管理者及其下属可以随时方便快捷地了解对方状态和意图,使一个管理者能够知道更多的下属人员,增宽管理幅度。

### 6.3.4 物联网关键技术

物联网主要涉及的关键技术包括:射频识别(RFID)技术、传感器技术、传感器网络技术、网络通信技术等。

1. RFID 技术

RFID 技术是一种非接触式的自动识别技术,通过射频信号自动识别对象并获取相关数据。RFID 为物体贴上 RFID 标签,具有读取距离远(几米至几十米)、穿透能力强(可透过包装箱直接读取信息)、无磨损、非接触、抗污染、效率高(可同时处理多个标签)、信息量大等特点。RFID 技术是物联网最关键的一个技术。

一个典型的 RFID 系统一般由 RFID 电子标签、读写器和信息处理系统组成。当带有电子标签的物品通过特定的信息读写器时,标签被读写器激活并通过无线电波将标签中携带的信息传送到读写器以及信息处理系统,完成信息的自动采集工作。而信息处理系统则根据需求承担相应的信息控制和处理工作。由于每个 RFID 标签都会有一个惟一识别码,如果它的数据格式有很多种且互不兼容,那么在闭环情况下,对企业影响不大;但是在开环情况下,使用不同标准的 RFID 产品将不能通用,这对全球化下的物品流通十分不利。因此,要充分发挥 RFID 技术的作用,使电子标签在经济全球化下的物品流通中得以普及应用,就必须要采用全球统一标准,这样也有利于物联网迅速发展。目前,可供射频卡使用的几种标准有 ISO10536、ISO14443、ISO15693 和 ISO18000,应用最多的是 ISO14443 和 ISO15693,这两个标准都由物理特性、射频功率和信号接口、初始化和反碰撞以及传输协议四部分组成。

2. 传感器技术

传感器负责物联网信息的采集,是实现对现实世界感知的基础,是物联网服务和应用的基础。传感器是指那些对被测对象的某一确定的信息具有感受与检出功能,并按照一定规律转换成与之对应的有用信号的元器件或装置,通常由敏感元件和转换元件组成。如果没有传感器对被测的原始信息进行准确可靠的捕获和转换,一切准确的测试与控制都将无法实现,即使最现代化的电子计算机,不准确的信息或有失真的输入,也将无法充分发挥其应有的作用。

传感器种类及品种繁多,原理也各式各样。根据被测量物的性质,可分为物理传感器、化学传感器和生物传感器三大类,还可以按照用途、材料、输出信号类型、制造工艺等方式进行分类。随着技术的发展,新的传感器类型不断产生,传感器的应用领域非常广泛,包括工业生产自动化、国防现代化、航空技术、航天技术、能源开发、环境保护与生物科学等。随着纳米技术和微机电系统(MEMS)技术的应用,传感器尺寸的减小和精度的提高,也大大拓展了传感器的应用领域。物联网中的传感器节点通常由数据采集、数据处理、数据传输和电源构成。节点具有感知能力、计算能力和通信能力,也就是在传统传感器基础上,增加了协同、计算、通信功能。

近年来,随着生物科学、信息科学和材料科学的发展,传感器技术飞速发展。由于微电子技术和微机械加工技术发展,传感器有向微型化、多功能化、智能化和网络化方向发展的趋势。

3. 传感器网络技术

传感器网络综合了传感器技术、嵌入式计算技术、现代网络及无线通信技术、分布式信息处理技术等,能够通过各类集成化的微型传感器协作实时监测、感知和采集各种环境或监测对象的信息,通过嵌入式系统对信息进行处理,并通过随机自组织无线通信网络以多跳(multi-hop)中继方式将所感知信息传送到用户终端,从而真正实现"无处不在的计算"理念。传感器网络的研究采用系统发展模式,因而必须将现代的先进微电子技术、微细加工技术系统 SOC(System-On-Chip)芯片设计技术、纳米材料与技术、现代信息通讯技术、计算机网络技术等融合,以实现其微型化、集成化、多功能化及系统化、网络化,特别是实现传感器网络特有的超低功耗系统设计。

一个典型的传感器网络结构通常由传感器节点、接收发送器(Sink)、Internet 或通信卫星、任务管理节点等部分构成。传感器节点散布在指定的感知区域内,实时感知、采集和处理网络覆盖区域中的信息,并通过"多跳"网络把数据传送到 Sink,Sink 也可以用同样的方式将信息发送给各节点。Sink 直接与 Internet 或通信卫星相连,通过 Internet 或通信卫星实现任务管理节点与传感器之间的通信。在节点损坏失效等问题出现的情况下,系统能够自动调整,从而确保整个系统的通信正常。传感器的网络通信技术为物联网数据提供传送通道,而如何在现有网络上进行增强,适应物联网业务需求(低数据率、低移动性等),是现在物联网研究的重点。

4. 网络通信技术

传感器的网络通信技术分为两类:近距离通信和广域网络通信技术。在近距离通信方面,以 IEEE 802.15.4 为代表的近距离通信技术是目前的主流技术,802.15.4 规范是 IEEE 制定的用于低速近距离通信的物理层和媒体介入控制层规范,工作在工业科学医疗(ISM)频段,免许可证的 2.4GHz ISM 频段全世界都可通用。在广域网络通信方面,IP 互联网、2G/3G 移动通信、卫星通信技术等实现了信息的远程传输,特别是以 IPv6 为核心的下一代互联网的发展,将为每个传感器分配 IP 地址创造可能,也为传感网的发展创造了良好的基础网条件。传感网络相关通信技术,常见的有蓝牙、IrDA、Wi-Fi、ZigBee、RFID、UWB、NFC、WirelessHart 等。

### 6.3.5　电子政务物联网总体架构设计

根据物联网三层主要架构的特点,电子政务物联网的架构也可以分为三层:信息采集层、运作操控层、领导决策支持层。

1. 信息采集层

利用射频识别技术(RFID)、视频监控技术、各种传感技术、全球定位技术进行各种数据和事件的实时测量、采集,以及事件收集、数据抓取和识别。

2. 运作操控层

对采集到的数据和事件信息进行加工处理后,按照工作流程建模编排,进行事件信息处理,自动选择应对措施并通知相关负责人,以及进行工作流程处理、历史信息保留及查询、网络设备监控等。

3. 领导决策支持层

系统管理者可进行跨区域仿真演习、信息查询与监控、工作流程进度可视化监控、历史数据分析、相关专家协同分析,实行政务管理流程优化;为电子政务的智能化管理和各种突发事件的处理提供数据支持与经验分析。

## 6.4 移动电子政务

### 6.4.1 移动电子政务的概念

移动电子政务是传统电子政务和移动通信平台相结合的产物,是移动技术在政府公共管理工作中的应用,用户可以通过移动终端和无线通信网络获取政府部门提供的信息和服务。移动政务主要提供三类服务:第一类是基于消息的服务,其典型代表是短信;第二类是基于移动互联网的服务,将 GPRS、CDMA 和 3G 数据传输技术等应用于电子政务领域;第三类是基于位置的服务,利用移动通信网络获得特定物体的地理位置,从而为其提供相应的服务。

与传统电子政务相比,移动电子政务有很多优势,例如领导干部即使出差在外也可以随时随地批阅公文。另外,移动电子政务使社会公众随时、随地获取政府信息和公共服务,政民互动程度将明显提高。

### 6.4.2 移动电子政务技术发展历程

随着移动技术、计算机技术和移动终端技术的发展,移动电子政务技术已经经历了三代。

以短讯为基础的第一代移动电子政务技术存在着许多严重的缺陷,其中最严重的问题是实时性较差,查询请求不会立即得到回答。此外,由于短讯信息长度的限制也使得一些查询无法得到一个完整的答案。这些令用户无法忍受的严重问题也导致了一些早期使用基于短讯的移动电子政务系统的部门纷纷要求升级和改造现有的系统。

第二代移动电子政务系统采用基于 WAP 技术的方式,手机主要通过浏览器的方式来访问 WAP 网页,以实现信息的查询,部分地解决了第一代移动访问技术的问题。第二代的移动访问技术的缺陷主要表现在 WAP 网页访问的交互能力极差,因此极大地限制了移动电子政务系统的灵活性和方便性。此外,由于 WAP 使用的加密认证的 WTLS 协议建立的安全通道必须在 WAP 网关上终止,形成安全隐患,所以 WAP 网页访问的安全问题对于安全性要求极为严格的政务系统来说也是一个严重的问题。这些问题也使得第二代技术难以满足用户的要求。

新一代的移动电子政务系统,也就是第三代移动电子政务系统融合了 3G 移动技术、智能移动终端、VPN、数据库同步、身份认证及 Web Service 等多种移动通讯、信息处理和计算机网络的最新前沿技术,以专网和无线通讯技术为依托,使得系统安全性和交互能力有了极大的提高,为电子政务人员提供了一种安全、快速的现代化移动执法机制。

目前,新一代移动电子政务发展所需的受众基础和网络条件已经具备。出现一些由于设计的人性化并拥有众多的应用软件,如 iPhone 等智能手机以及 iPad 等平板电脑越来越受到社会公众的青睐。经过前几年的无线城市的建设,全国各地 3G 普及率快速提高,北京等城市已经开始 4G 网络建设。电子政务应用信息系统的客户端软件非常适合在 iPhone、iPad 等移动智能终端上运行。2012 年,基于移动智能终端的电子政务应用将越来越多,移动电子政务将掀起新一轮电子政务发展浪潮。

### 6.4.3 移动电子政务的业务范畴

目前,移动电子政务的业务范畴主要包括以下几个方面:
(1) 政府办公自动化;
(2) 政府部门间的信息共建共享;
(3) 电子化民意调查和社会经济统计;
(4) 公民网上查询政府信息;
(5) 政府实时信息发布;
(6) 各级政府间的远程视频会议等。

### 6.4.4 移动政务的具体内容

移动政务同电子政务类似,可分为四类业务,即:政府间的移动政务(mG2G),政府对内部工作人员的移动政务(mG2E),政府对企业的移动政务(mG2B),政府对公民的移动政务(mG2C)。下面将按照这四类划分结合移动政务的三类服务,探讨移动政务在针对性、可及性、覆盖率和响应速度方面较传统电子政务的优势。

1. 消息服务

在移动政务的消息服务中,短信息(包括彩信)是主要的应用方式。在G2G事务中,政府部门内的通知可以通过手机短信下发(广州等城市政府开会用短信通知),比面对面和电话通知更省时省力,因为非工作时间紧急会议的存在和开会通知往往并非涉及到全体人员,所以传统电子政务的政府内网并不完全适用于此类响应速度较高、针对性较强的事务。在G2B事务中,企业证照办理通知和税务缴纳通知也可通过短信有针对性地下发,甚至可以在政府采购招标计划中对一些企业发送通知。这样不仅解决不方便上网企业信息不通畅问题,并在一定程度上提高政府采购的透明度和公平性。

在G2C事务中,手机短信发挥了其不可忽视的作用。其中短信预警(台风预警、地质灾害预警等已在多个城市广泛应用)、短信公告(比如广东气象局短信辟谣"湛江暴雨将引发大地震")、短信预约挂号就医(东莞已经试点短信挂号业务)的应用极大地体现了移动政务的及时性和覆盖广的优势。同时,以彩信方式发放的手机报发展速度快,潜力大。据中国互联网信息中心发布的中国手机媒体研究报告显示,手机报用户普及率已经达到了39.6%。其中"十七大"手机报六期发行1.5亿份,收到8万多条读者的留言回复,是手机媒体影响力的一个最好证明。在G2E事务中,公务员的个人日常办公常常需要处理大批文件,而在这方面由于手机短信容量的局限性,移动政务在G2E业务中的发展受到局限。

2. 互联网服务

在移动政务的互联网服务中,GPRS、CDMA和WAP是主要应用技术。在G2B和G2C事务中,政府将GPRS远程监控应用于城市管理(北京、上海等地的"城管通")和环境保护部门(佛山的"环保通")。GPRS在远程数据采集中的应用,不需要为监测设备专门改造已有的运行环境,省去建设无线专网的成本。其按流量计费的方式也更为经济,更适合频繁突发的小流量数据传输。同时,GPRS网络具有覆盖范围广、数据传输快、实时性好、通信质量高、持续在线和费用低等优点,特别是在工作环境恶劣、地理位置偏僻、无人值守场所等领域,GPRS互联网技术更是体现出传统电子政务所不能有的可及性和低成本性。在G2E事务中,政府WAP版门户网的开通在一定程度上减小了数字鸿沟。据中国互联网信息中心第23次互联网调查显示,中国手机用户已超过6.4亿,是中国网民人数规模2.98亿人的两倍还多。政府WAP版门户网站的开通让数亿没有条件用电脑上网的人可以通过手机来享有同等的公民信息知情权。WAP版"中国苏州"开通后,平均每天下发"公众监督"栏目处理的"WAPPUSH"回复信息达到260多条,而且这个数字还在持续增长。这些都证明了移动政务的巨大优势。

3. 位置服务

在移动政务的位置服务中,用CDMA和GPRS定位技术或者辅助GPS系统在人员追踪和车辆定位上的应用也显示出移动政务的优势。在G2B和G2C中,广西就曾利用CDMA定位技术使海上迷航游客成功获救,江苏省也在运输烟花爆竹车辆上安装GPS,并利用GPRS网络定时上传信息。综上所述,提供移动政务三类服务的终端器材有政府管理人员使用的"城管通"和"环保通"等PDA、手机,以及利用GPRS或CDMA进行数据采集的设备等。这些移动终端设备小巧易携带,投入成本低,响应速度快,比起传统的电子政务有着得天独厚的优势。特别是作为移动终端之一的手机,其庞大的用户群和极高的信号覆盖率,为作为移动政务终端设备之一的手机在更大范围内的使用奠定了基础,移动政务的发展前景甚为广阔。

# 第 7 章

# 电子政务项目管理

电子政务建设首先是一项项目工程,因此必须在建设过程中采用项目管理的思想和方法。2007年9月1日,由国家发改委颁布的《国家电子政务工程建设项目管理暂行办法》(55号令)正式实施。55号令是国家为全面加强电子政务工程建设的项目管理,保证工程建设的质量,提高投资效益而特别制定的。电子政务项目与具体建筑类工程相比,其功能通常难以确定和细化,与企业信息化的工程相比,其效益难以评价,因此本章着重介绍电子政务工程项目建设中的项目管理、项目监理、项目评估,以及电子政务项目服务外包管理的内容。

## 7.1 电子政务项目管理

作为一个高风险的技术项目,电子政务项目失败的可能性非常大。2003年11月,联合国在《处于十字路口的电子政务》报告中把电子政务划分为三类:浪费型的电子政务——"有投入,无产出",无目标型的电子政务——"有产出,无效益",有意义的电子政务——"有产出,有效益"。报告特别强调,无论是发达国家还是发展中国家,普遍存在电子政务整体效益不高的现象,其中发展中国家表现尤为突出,其项目失败率高达60%～80%。大多数电子政务项目的问题来源于以下几个方面:组织不力、协调性差,缺乏计划与控制,项目执行分工不明确,项目费用估算偏差大,资源难以共享。在当前环境下,有必要在电子政务建设过程中采用项目管理的思想和方法,建立一个强有力的领导核心和一套切实可行的、规范的项目管理体制,从根本上解决电子政务建设中面临的各种问题。

### 7.1.1 软件工程

软件工程(Software Engineering)是把软件当作一种工业产品,要求采用工程化的原理与方法对软件进行计划、开发和维护。软件工程应用计算机科学、数学及管理科学等原理,借鉴传统工程的原则、方法,创建软件以达到提高质量、降低成本的目的。其中,计算机科学、数学用于构建模型与算法,工程科学用于制定规范、设计规范、评估成本等,管理科学用于管理计划、资源、质量、成本等。

1. 软件工程的框架

软件工程的框架可概括为:软件工程目标、软件工程过程和软件工程原则。

(1)软件工程目标。生产具有正确性、可用性以及开销合宜的产品。正确性指软件产品达到预期功能的程度。可用性指软件基本结构、实现及文档为用户可用的程度。开销合宜是指软件开发、运行的整个开销满足用户要求的程度。这些目标的实现不论在理论上还是在实践中均存在很多待解决的问题,它们形成了对过程、过程模型及工程方法选取的约束。

(2)软件工程过程。生产一个最终能满足需求且达到工程目标的软件产品所需要的步骤。软件工程过程主要包括开发过程、运作过程、维护过程,它们覆盖了需求、设计、实现、确认以及维护等活动。需求活动包括问题分析和需求分析。问题分析获取需求定义,又称软件需求规约;需求分析生成功能规约。设计活动一般包括概要设计和详细设计。概要设计建立整个软件系统结构,包括子系统、模块及相关层次的说明、每一模块的接口定义;详细设计产生程序员可用的模块说明,包括每一模块中数据结构说明及加工描述。实现活动把设计结果转换为可执行的程序代码。确认活动贯穿于整个开发过程,实现完成后的确认,保证最终产品满足用户的要求。维护活动包括使用过程中的扩充、修改与完善。伴随以上过程,还有管理过程、支持过程和培训过程等。

(3)软件工程的原则。是指围绕工程设计、工程支持以及工程管理在软件开发过程中必须遵循的原则。软件工程的四条基本原则包括:采取适宜的开发模型,控制易变的需求;采用合适的设计方法,需要考虑软件模块化、抽象与信息隐藏、局部化、一致性以及适应性等;提供高质量的工程支持,需要软件工具和环境对软件过程的支持;重视开发过程的管理,有效利用可用的资源生产满足目标的软件产品,提高软件组织的生产能力等。

2. 软件开发模型

软件开发模型是软件开发的全部过程、活动和任务的结构框架。软件开发模型能清晰、直观地表达软件开发全过程,明确规定了要完成的主要活动和任务,这是用来作为软件项目开发的基础。常见的软件工程模型有:瀑布模型、原型法模型、演化模型、螺旋模型、喷泉模型、第四代技术过程模型等。

(1)瀑布模型(waterfall model)。瀑布模型依据软件生命周期方法学开发软件,各阶段的工作自顶向下从抽象到具体的顺序进行,如图7-1所示。

利用瀑布模型开发软件系统时,每一阶段完成确定的任务后,若其工作得到确认,就将产生的文档及成果交给下一个阶段;否则返回前一阶段、甚至更前面的阶段进行返工。而不同阶段的任务,一般来说是由不同级别的软件开发人员承担的。

这种软件开发方法的特点是阶段间具有顺序性和依赖性,便于分工合作,文档便于修改,并有复审质量保证,但与用户见面晚、纠错慢,工期延期的可能性大。适合在软件需求比较明确、开发技术比较成熟、工程管理比

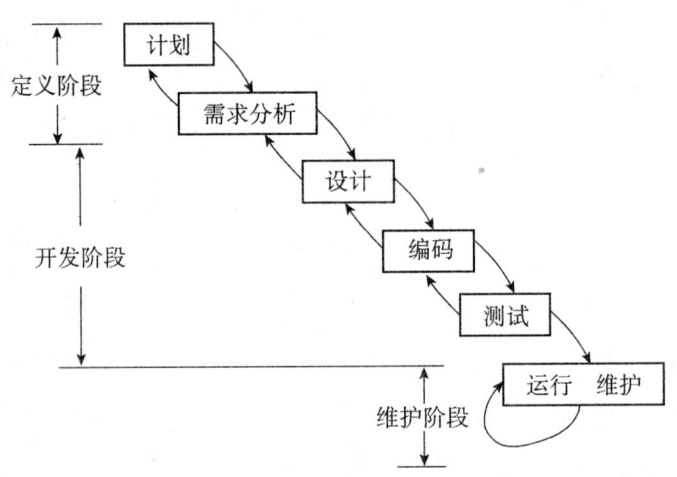

图 7-1 瀑布模型

较严格的场合下使用。

(2)原型法模型(prototype model)。原型法是针对瀑布模型提出来的一种改进方法。其基本思想是从用户需求出发,快速建立一个原型,使用户通过这个原型初步表达出自己的要求,并通过反复修改、完善,逐步靠近用户的全部需求,最终形成一个完全满足用户要求的新系统。

依据这种模型开发软件时,开发人员和用户在"原型"上达成一致,避免了许多由于不同理解而造成的错误,提高了系统的实用性、正确性以及用户的满意度。由于是对一个有形的"原型产品"进行修改和完善,即使前面的设计有缺陷,也可以通过不断地修改原型产品最终解决问题,缩短了开发周期,加快了工程进度。原型法本身不需要大量验证性测试,同时,由于前两点原因,降低了系统的开发成本。但是,由于开发者在不熟悉的领域中不易分清主次,产品原型在一定程度上限制了开发人员的创新,资源规划和管理较为困难,同时随时更新文档也带来麻烦,还有可能因只注意原型是否满意,忽略了原型环境与用户环境的差异。

一般又把原型分为三类:抛弃式——目的达到即被抛弃,原型不作为最终产品;演化式——系统的形成和发展是逐步完成的,是高度动态迭代和高度动态的,每次迭代都要对系统重新进行规格说明、重新设计、重新实现和重新评价,所以是对付变化最为有效的方法,这也是与瀑布开发的主要不同点;增量式——系统是一次一段地增量构造,与演化式原型的最大区别在于增量式开发是在软件总体设计基础上进行的。

(3)演化模型(evolutionary model)。演化模型主要针对事先不能完整定义需求的软件开发。用户可以给出待开发系统的核心需求,并且当看到核心需求实现后,能够有效地提出反馈,以支持系统的最终设计和实现。软件开发人员根据用户的需求,首先开发核心系统,当该核心系统投入运行后,用户试用之,并提出精化系统、增强系统能力的需求。软件开发人员根据用户的反馈,实施开发的迭代过程。第一迭代过程均由需求、设计、编码、测试、集成等阶段组成,为整个系统增加一个可定义的、可管理的子集。

在开发模式上采取分批循环开发的办法,每循环开发一部分功能成为这个产品原型的新增功能,设计就会不断地演化出新的系统。实际上,这个模型可看作是重复执行的多个"瀑布模型"。

演化模型要求开发人员有能力把项目的产品需求分解为不同组,以便分批循环开发。这种分组并不是绝对随意性的,而是要根据功能的重要性及对总体设计的基础结构的影响做出判断。演化模型的特点是通过逐步迭代,建立软件系统。其适合场合为用户需求不够明确的软件开发项目,注意与原型模型之间的区别。

(4)螺旋模型(spiral model)。螺旋模型将瀑布模型与原型法模型结合起来,并且加入风险分析,构成了具有特色的模式,弥补了前两种模型的不足,这也是演化模型的一种具体形式。螺旋模型将工程划分为四个主要活动:制定计划、风险分析、实施工程、用户评价。四个活动螺旋式地重复执行,直到最终得到用户认可的产品。

在螺旋模型中,软件开发是一系列的增量发布。在每一个迭代中,被开发系统的更加完善的版本逐步产生。螺旋模型被划分为若干框架活动,也称为任务区域。典型的有以下任务区域,包括:客户交流,建立开发者和客户之间的有效通信,正确定义需求;计划,定义资源、进度及其他相关项目信息,即确定软件目标,选定实施方案,弄清项目开发的限制条件;风险分析,评估技术及管理的风险,即分析所选方案,考虑如何识别和消除风险;工程方面建立应用的一个或多个表示,即设计软件原型;设计与制作,构造、测试、安装和提供用户支持,即实施软件开发。

3. 软件生命周期

软件生命周期又称为软件生存周期或系统开发生命周期,是软件的产生直到报废的生命周期。包括问题定义、可行性分析、总体描述、系统设计、编码、调试和测试、验收与运行、维护升级到废弃等阶段,这种按时间分进程的思想方法是软件工程中的一种思想原则,即按部就班、逐步推进,每个阶段都要有定义、工作、审查、形成文档以供交流或备查,以提高软件的质量。

例如利用软件生命周期的方法创建国土资源行业电子政务网站,根据软件生命周期的原理,电子政务网站可以划分为系统规划、系统分析、系统设计、系统实施、系统测试、系统运行和维护等几个阶段。

4. 软件项目管理

软件项目管理是根据管理科学理论,结合软件产品开发的实际,为使软件项目能够按照预定的成本、进度、质量顺利完成,对成本、人员、进度、质量、风险和文档等进行分析、管理和控制的系列活动。软件项目管理的根本目的是为了让软件项目尤其是大型项目的整个软件生命周期(从分析、设计、编码到测试、维护全过程)都能在管理者的控制之下,以预定成本按期、按质地完成软件交付用户使用。软件项目管理的内容主要包括:人员的组织与管理,软件度量,软件项目计划,风险管理,软件质量保证,软件过程能力评估,软件配置管理等。

### 7.1.2 IT 项目管理

电子政务、电子商务和企业信息化等需求产生了以信息技术为基础的项目,即 IT 项目。IT 项目的开展是以信息技术为支撑、以业务活动为主体、以现代化管理为指导思想的一项全新的、复杂的系统化工程,主要体现在信息技术这一新生事物的飞速变化与发展,同时需要信息技术、业务工作、项目管理思想的一体化融合与集成化应用,这正是 IT 项目管理问世的缘由。结合信息化应用特点,采用项目管理技术而开发的专用方法对 IT 项目在计划落实、质量跟踪、成本管理和风险控制等方面进行管理,是保证 IT 项目达到预期目标的有效手段。

IT 项目管理是项目管理在 IT 领域的应用,结合 IT 行业特点运用项目管理技术、理念和方法,包括九大知识领域(项目综合、范围、时间、成本、质量、人力资源、沟通、风险和采购管理)以及启动、计划、实施、控制和收尾等过程组,其中核心的四大知识领域是范围、时间、成本与质量管理。

1. IT 项目管理的特点

IT 项目管理在现代项目管理中是最重要、也是运用最好的一个领域,因为信息技术行业的特点,使得它的项目管理在"知识、技能、方法和工具"上远远领先于其他行业。近年来,项目管理的工具也被广泛运用到 IT 项目管理中,常用的有 MS Project、Visual SourceSafe 等。

IT 行业项目管理在具有项目管理普遍特性外,它的行业特性还使它具有以下特点：

(1)任务的明确性。IT项目分为产品项目和应用项目，但无论是产品项目还是应用项目都是有明确的开始和结束时间的，项目启动时，就明确了项目的目标和时限，项目开发计划SDP(Software Developing Plan)编制明确了项目各阶段里程碑及人员和时间要求，开发计划作为项目开发进程的指南。

(2)管理工具的先进性。计算机的普遍应用和从业人员技术水平和综合素质高是IT行业的特性之一，而IT开发又是以团队协作为主要方式，所以管理工具的应用是必然的。IT技术的更新也同时加速了管理工具的更新，因此IT项目管理工具的先进性对于项目的成功与否起着不可替代的作用。

(3)信息沟通的及时性。现代通信技术和计算机网络的应用在IT项目开发中充当着重要的角色，项目周报、日报以及项目各种信息的正确传递，由于行业特色，项目参与人可以实时进行E-mail收发，保证了信息沟通的及时和准确性。

(4)资源提供的必要性。制造行业生产线设备的先进性决定产品生产过程的质量和产品产量，软件开发不同于生产制造业，软件行业中决定软件产品质量的主体是人，人是决定这一切的决定性因素，同时人又是最不可控的因素，所以高素质、掌握相应技术的人是软件开发的重要资源。软件开发的主要工具是计算机，最先进的技术实现也要依靠较先进的计算机设备。为保证团队开发的安全和可控性，文件服务器是必须配置的。网络环境的安全及速度也是软件开发的必要保障之一。必要的生产工具还包括开发所需的、从第三方采购的软件产品，如系统软件、数据库、开发语言工具等。

(5)测试的完善和严谨性。要保证软件产品的质量，测试是必不可少的过程。而测试的完整和全面性决定了产品的质量、成本和进度，只有通过测试及时发现和修改问题，才能最终保证开发出合格的软件产品。

(6) 度量的准确性。IT项目度量指标主要包括人月数的度量、BUG的度量、成本的度量。合理的开发人月数估算不仅是项目开发计划制定的依据，同时也是对项目合同的评审依据。成本的度量可测定团队的开发能力及从财务角度评价项目的质量及可行度。

(7) 项目管理的贯穿性。大型项目开发，模块间的接口及系统的整合及测试都需要有一个公共的文件存储平台，而这一平台的建立也可最大限度降低由于开发人员的流动及网络安全性受侵所带来的损失。文件存储平台的建立，一方面保证了项目开发的安全性，更重要的是保证了项目的顺利进行。

2. IT项目范围管理

项目范围的不确定会导致项目范围的不断扩大，作为项目经理，在项目开始时，就要对项目范围拿出项目干系人都认可的、理解无歧意的范围说明文档——项目章程；然后为了保证项目的实施，明确项目组成员的工作责任，还必须分解项目范围，使之成为更小的项目任务包——工作分解结构；最后要认识到项目本身不是孤立的，因此有时范围的变更也是必须的，关键是当变更发生时如何加以控制。

3. IT项目的时间管理

项目的时间管理，就是确保项目按期完成的过程。首先要制定项目的进度计划，然后是跟踪检查进度计划与实际完成情况之间的差异，及时调整资源、工作任务等，以保证项目的进度实现。在跟踪过程中，要及时与项目干系人进行交流，以及时发现范围的偏差，避免产生时间与进度上的差异,或项目组成员有意或无意识的虚报项目完成情况,导致进度的失控。

### 4. IT项目的成本管理

项目成本管理就是要努力减少和控制成本,满足项目干系人的期望。其过程包括:资源计划,即制定资源需求清单;成本估算,对所需资源进行成本估算;成本预算,将整体成本估算配置到各个单项工作,建立成本基准计划;成本控制,控制项目预算的变化,修正成本的估算,更新预算,纠正项目组成员的行动,进行完工估算与成本控制的分析。

### 5. IT项目的质量管理

项目的质量可理解为项目满足客户明确或隐含的要求的一致性程度,这里包括明确的要求,也包括隐含的要求。对IT项目来说,如何满足用户隐含的质量要求,可能是IT项目质量成败的重要原因。可能所开发的系统符合需求说明中的要求,却与用户实际的要求(包含隐含的需求)相差很大,导致不一致,结果导致IT项目的失败。

对于项目管理需要制订质量计划,并应用质量保证的工具确保质量计划的实施。在质量控制的过程中,有许多现成的工具与方法,如帕累托分析、统计抽样和标准差等。要提高项目的质量,必须在领导中形成质量意识。通过建立一个好的工作环境来提高质量,通过形成质量文化来改进质量是全面提升项目质量管理的关键因素之一。

### 6. IT项目风险管理

IT项目开发过程中经常面临与普通项目不同的风险。例如需求持续变化的需求风险;计划、资源和产品定义全凭客户或上层领导口头指令,并且不完全一致的计划编制风险;仅管理层或市场人员进行技术决策导致的组织和管理风险;客户对最后交付的产品不满意,要求重新设计和重做的客户风险；还包括设计和实验风险、开发环境风险和人员风险等。因此在 IT 项目开发中引入风险管理机制是 IT 项目开发中减少失败的一个重要手段。

### 7.1.3　电子政务项目管理

电子政务项目是电子政务建设的具体体现，有线无线政务网络、重点业务系统、基础数据库、信息安全保障体系等建设都属于电子政务项目。从服务的对象来看，电子政务项目可以分为面向公众、面向企业和面向政府内部三种类型；从业务模式来看，可以分为信息服务、沟通服务与办事服务三种形态；从电子政务项目建设模式来看，也可分为政府内部办公自动化项目建设、网络基础设施项目建设、应用系统项目建设、信息资源项目建设等内容。

电子政务项目的管理需要从项目立项管理、项目建设管理和项目系统运行维护管理三个方面进行。电子政务项目立项管理需要通过有效的电子政务立项审批决策支撑体系，明确需求、建设目标和项目建设实施的技术水平，避免电子政务项目立项审批粗放。在实际电子政务项目管理体系建设中，必须将管理技术与项目过程紧密结合，这样才能对电子政务的项目管理起到指导作用。电子政务项目的建设管理内容包括几个方面：需求管理、风险管理、进度管理、质量管理、人力资源管理、沟通管理、集成管理、文档管理等。电子政务系统运行维护管理中主要问题是管理水平不高，主要体现在管理手段欠缺、运行维护经费控制不力、运行维护外包缺乏有效管理等方面。由于缺乏可操作的运行维护费计算方法和外包管理模式，信息化主管部门和财政管理部门较难做出有效客观的评估及采取最有效的管理策略。

## 7.2 电子政务项目监理

### 7.2.1 软件项目监理

1. 软件项目监理的作用

一个项目的成功可定义为在一定的时间限制下完成项目,项目具有适当的性能和规格,并得到客户或使用者的认可。项目监理的作用在于:

(1)协助软件企业进行项目管理。项目监理利用自身的技术优势,为软件企业提供管理规范化的标准,使项目管理水平得到提高。

(2)协助和监控软件开发项目在软件开发各阶段的工作。软件项目中员工素质参差不齐,其中一些在软件开发过程中根本达不到软件工程各方面要求,因此项目监理不仅要监督他们,也要帮助其提高开发水平。

(3)监督和保证软件项目的质量。项目监理通过对各阶段影响软件质量的因素进行分析、控制,确保软件质量,这是项目监理的根本任务。

(4)项目监理具有丰富的软件项目经验,他们运用自身的工程经验和知识为工程目标提出建设性意见。

项目监理机制能够通过对项目的过程控制、状态监控、风险评审、问题发现和跟踪来保证项目的成功。

2. 软件项目监理的模式

从工作方式来看,当前软件项目监理机制主要有以下两种模式。

(1)沿用传统行业项目监理制的模式,建立信息系统工程监理制度。甲方聘请软件质量测评中心等作为第三方监理机构,代其行使对乙方质量监督的职责。信息化系统工程监理代表用户的利益,以圆满完成用户的信息化系统工程项目为目的,站在第三方的公正立场,对工程的全过程进行有效的监督管理,使工程建设全过程处于严格的监控之下,同时协调用户和承建方的关系,确保项目的实施。

(2)在企业内部设置项目监理岗位,通常由质量保证部门或项目管理部的人员专职担任或兼任。企业对承接的软件项目启动后,每个项目即配备一名项目监理,在项目实施过程中,项目监理既承担CMMI体系中的SQA(软件质量保证)的职能,同时也实现项目辅导、项目跟踪监控等职能。这种形式的项目监理实际上只是借用了传统工程项目监理的概念,但它沿袭了传统项目监理制的精华,项目监理独立于项目之外,对软件项目或产品质量不负直接责任,从而保证了其监督软件项目过程及软件产品质量的公正性。由于项目监理是组织内部人员,他对项目所处的微观环境有着深入的了解和体察,因此能及时和准确地发现问题并协助项目经理解决项目存在的问题,从而强化和突出该岗位对项目的辅助和指导功能。

软件企业内部设置项目监理机制将是一个必然的趋势。软件企业可以引进各种体系模型如ISO9000和CMMI等,但这些体系的贯彻执行情况的监督与推进以及企业内部各项项目管理机制、成本控制机制、风险规避机制等,都需要有项目监理这样一个角色来落实,帮助企业提高过程控制能力。而企业的过程控制能力越成熟,则进度管理、控制成本和适应需求改变以及控制整体质量的能力越强。

### 7.2.2 电子政务项目监理的内容

鉴于电子政务项目的复杂性和本身的特点,没有经历过实际项目的人根本无法把握整个项目的推进和有效规避风险,因此,需要独立于建设单位和承建单位的第三方监理机构的帮助,即借助专业的信息系统工程监理公司。第三方监理机构对于信息工程建设项目的进行是有利的,因为监理单位利益独立于双方之外,可以根据合同来协调双方在项目进程中出现的问题,可以客观公正地提出相关意见和措施,保证项目的质量、进度及投资等。同时,监理机构拥有很强的咨询能力,可以帮助双方解决一些技术和管理难题,促进项目开展。

电子政务项目监理需要做一些前期的准备工作:成立项目监理领导班子,主要任务就是进行投标的工作;签订监理委托合同,签订委托合同实际上是为双方在事先就提供了一个法律保护的基础;组建监理班子,监理班子的组织形式和规模应根据监理合同约定的工程类别、规模、内容、技术复杂程度、实施工期和施工环境等因素确定;建设监理的目标控制,目标就是如何确定投资、工期和质量应达到的目标值。

1. 项目前期阶段监理的内容

(1)前期阶段的质量控制

通过了解业主的业务需求,参与招标书的编制,并对招标书的内容提出监理意见。审查承包商的技术资质,对评标的评定标准提出监理意见。审核工程设计方案报审表和实施方案报审表。确定对工程进行阶段性质量监督、控制的措施及方法,完善质量保证体系。

(2)前期阶段的进度控制

协助业主编制项目实施总工作计划,对投标书中工程进度及进度控制措施进行审核。对施工开发方案进行审核,通过施工单位提交的施工结构图和开发单位提交的开发流程图,审核工程进度计划的可行性、合理性和各阶段工作成果的判定依据及其可操作性。确定阶段性进度监督、控制的措施及方法,按合同向施工、开发单位提供应有的便利条件。

(3)前期阶段的投资控制

通过了解工程过程中所用到的一些设备用具的市场情况,审核工程计划、设计方案中所说明的工程目标、范围、内容、产品和服务,分析合同价的构成因素,协助业主单位确定工程的预算。业主应根据合同要求向施工、开发单位提供相关的施工材料,确保施工的软件和硬件环境。协助业主单位对工程的目标、范围、内容做出明确说明。

(4) 前期阶段的安全控制

为了保障政府的管理和政务职能的有效实现,需要为电子政务网络建立完善的信息安全体系,其中包括:建立信息系统安全管理体系、网络安全技术和运行体系、系统安全服务体系、安全风险管理体系,进行必要的安全性设计。

(5) 前期阶段的合同管理

参与电子政务项目承建合同的制定过程,及时处理业主单位或承建单位合同变更的申请,及时对合同的变更结果做工程备忘录。

(6) 前期阶段的信息管理

与业主单位及相关单位建立信息沟通机制,向业主单位提供法律、法规和标准等信息。对设计阶段三方共同参与的过程和活动做工程备忘录,妥善保管工程设计阶段的文档。与业主单位和承建单位共同对工程中其他方提出保密要求的信息实施保密。

(7) 前期阶段的协调

与业主单位确定相互间工作协调的机制,对工程招标阶段协调结果做工程备忘录。工程合同签订后,业主单位与承建单位的协调工作应通过监理机构进行。与业主单位、承建单位确定工程设计阶段的协调形式和方法,对设计阶段出现的变更提出监理意见。

2. 项目过程阶段监理的内容

(1) 过程阶段的质量控制

协助承包商完善工序控制,坚持质量监理日志的记录工作。检查承建单位工程实施状况、人员与实施方案的一致性；执行已确定的阶段性质量监督、控制措施及方法。处理承建单位提交的工程中关键环节的实施申请。严格工序间交接检查，检查承建单位重要工程步骤的衔接工作，审核设计变更和软件开发方案的修改。处理工程中出现的质量事故，若发现工程实施过程存在重大质量隐患，应及时向承建单位签发停工令。

(2) 过程阶段的进度控制

审核承建单位工程实施计划的合理性。承建单位提交开工申请后，监理机构应检查工程准备情况，审核阶段性进度计划报审表，建立反映工程进度状况的监理日志。定期检查、记录工程的实际进度情况，及时处理工程延期申请。组织审查进度纠偏措施的合理性、可行性，通过组织协调会，及时解决一些突发问题，定期向总监、业主汇报有关工程进度的情况。

(3) 过程阶段的投资控制

总监理工程师审核承建单位提交的工程阶段性报告和付款申请，向业主和总监汇报工程投资运用情况。从目标系统的质量、进度和投资等方面审查工程变更，对工程中的变更、设计方案的修改要慎重，需要进行可行性分析。对于进行完毕的工程及时进行验收、发现问题，在没有问题的情况下按合同规定支付进度款。保持信息畅通，了解市场行情，对超支费用进行分析，提出控制费用超支的可行方案和措施。

(4) 过程阶段的安全控制

监督施工单位按照安全性设计进行施工，监督其选择符合国家信息安全主管部门认证的安全技术和产品，在电子政务系统的建设中实施信息安全工程，保证电子政务三大网络的安全。

(5) 过程阶段的合同管理

及时监督合同执行情况，并进行跟踪管理，及时协调出现的纠纷，帮业主处理好与本项目有关的索赔和合同纠纷事宜。注意变更后的计划与已签订的合同是否发生矛盾,若有矛盾,要协调双方进行协商,更改合同。

(6)过程阶段的信息管理

管理工程实施阶段所产生的开工令、停工令、监理通知、监理报告、监理日志和工程备忘录等资料,对工程实施阶段三方共同参与的过程和活动做工程备忘录,监督业主单位、承建单位按照既定的要求编制和管理工程文档。

(7)过程阶段的协调

监理机构应与业主单位、承建单位共同建立实施阶段协调的机制,根据需要及时组织专题会议,解决工程实施过程中的各种专项问题。协调业主单位和承建单位对工程变更的范围和内容等方面达成一致意见,协调业主单位和承建单位对索赔的意见达成一致。协调业主单位配合承建单位的工程实施。

### 3. 项目后期阶段监理的内容

(1)后期阶段的质量控制

及时处理承建单位提交的初验申请,审核承建单位提交的验收计划及其方案,对初验中发现的质量问题进行评估,让承建单位根据整改要求提出整改方案。组织系统的调试,监督系统的试运行。对试运行中出现的质量问题,督促有关单位负责解决,协助业主单位组织完成最后的竣工验收准备工作。对于工程中的关键性技术指标,监理机构应要求承建单位出具第三方测试机构的测试报告。负责对规定保修期限内的工程质量状况的检查、鉴定,以及督促责任单位负责维护。

(2)后期阶段的进度控制

制定确保不突破总工期的对策,万一总工期突破,采取必要的补救措施,争取将损失降到最低限度。对验收阶段进度安排提出监理意见,审核承建单位初验、终验和工程整改计划的可行性。要求业主单位、承建单位以初验合格报告作为启动试运行的依据,以终验报告作为工程验收结束的依据。

(3) 后期阶段的投资控制

总监理工程师审核承建单位提交的阶段性付款申请,根据承建合同规定的付款条件,签发工程款支付证书,审核施工、开发单位提交的工程结算书,协助业主单位进行工程决算。协调业主和施工、开发单位可能出现的一些索赔方面的问题。

(4) 后期阶段的安全控制

审核电子政务系统的安全性是否过关,监督建立有效的应急机制,能够进行应急响应、灾难恢复和系统备份。审核电子政务系统是否遵循技术标准和国家相关规范。

(5) 后期阶段的合同管理

整理好合同管理中的相关文件,及时向业主单位、承建单位通报承建合同、协议及相关变更所规定工程内容的执行情况,协助业主单位与承建单位签署其他补充协议。

(6) 后期阶段的信息管理

管理工程验收阶段的文档,敦促业主和承建单位按照事先约定,编制、签署和妥善保存验收阶段的工程文档。敦促业主和承建单位及时整理工程文档,整理与工程有关的全部监理文档,并提交业主单位。

(7) 后期阶段的协调

监理机构应协调业主和承建单位在验收计划、验收目标、验收范围、验收内容、验收方法和验收标准等方面达成一致。协调业主单位配合验收阶段的工作,及时对验收阶段协调的结果填报工程备忘录。协助业主单位和承建单位完成工程移交工作。

### 7.2.3　电子政务项目监理与审计的区别

**1. 实施主体不同**

电子政务项目工程监理主体只能是完全独立于信息系统工程业主单位和承建单位的外部第三方。信息系统审计主体包括内部信息系统审计主体和完全独立的外部信息系统审计主体两类。

**2. 业务范围和目的不同**

信息系统审计的业务范围包括与信息系统有关的所有领域。电子政务项目工程监理是具有信息系统工程监理资质的单位，接受建设单位的委托，依据国家有关规定、工程建设标准和工程承建、监理合同，对电子政务项目工程的质量、进度和投资方面实施监督，监理活动随着工程的完成而结束。

**3. 采用的方法不同**

信息系统审计的方法主要有系统审计和传统数据审计两大类，在审计中不仅要采用系统符合性测试、系统风险评价、系统实质性测试等系统审计方法，也要充分利用传统数据审计的各种方法，包括查错纠弊审计、制度基础审计、风险基础审计以及全面审计和重点审计等方法。电子政务项目监理在系统开发过程中，主要采用成本核算、价值分析、网络规划、全面质量管理等方法进行投资、工期、质量的动态控制、跟踪、纠偏，以达到既定目标。

**4. 作用不同**

信息系统审计的作用主要有鉴证作用和咨询作用，通过审计合理地保证被审计单位信息系统及其处理、产生的信息的真实性、完整性与可靠性以及政策遵循的一贯性。电子政务项目监理的作用主要是监督控制和合理协调业主单位和建设单位之间的关系，通过监督可以更合理地保证工程质量、进度、投资,同时通过第三方监理可以对工程的立项、设计、实施、验收和维护等各个阶段的效果给予公正、恰当和权威的评价。

## 7.3 电子政务项目评估

对电子政务进行绩效管理需要考虑以下因素:一是电子政务的投入产出,即电子政务建设在资金和资源等方面的投入以及投入所产生的直接结果,如电子政务基础设施的建设、系统的开发、网站的建立等;二是电子政务投入产出所带来的效果与影响,包括内在与外在两个方面,内在的效果如政府业务流程的改进、管理水平的提高、可持续发展能力的提升,外在的效果如所提供公共服务的效率与有效性等;三是电子政务绩效的最终体现,即用户是否满意。对电子政务项目进行绩效评估是测度电子政务发展水平和建设成效的依据。现有的评估体系和方法难以对我国电子政务建设进行全面、客观和科学的测定与评价。电子政务项目绩效评估可以评估电子政务的建设成效,及时发现和纠正电子政务发展中的不足,总结电子政务建设得失,对引导电子政务步入良性发展轨道也具有重要的实践指导意义。

### 7.3.1 电子政务项目评价指标体系设立的基本原则

电子政务项目评价指标体系设立应以"以人为本,全面、可持续发展的科学发展观"为指导,遵循以下基本原则:

1. 科学性

科学的项目评价体系必须建立在科学的评估指标体系之上。电子政务项目评价指标体系必须准确体现出我国电子政务的建设目标。因此,如何将电子政务目标实现程度客观反映到评价指标体系中,是评价指标体系设立时需要优先考虑的问题。

2. 系统性

每个电子政务建设项目都是一个系统工程,在设立其后评价指标体系时,要从系统工程学的理论与实践出发,确保在评价应用中输入有效、输出准确、过程可验证追溯。

3. 可操作性

评估指标和评判标准数据要易于理解,尽量做到指标简单易懂、打分客观、数据容易统计、计算方便快捷。要有统一的指标解释,确保口径统一,避免产生歧义。对于难于量化的指标,可采用分等级设置评价标准的方式,避免为了量化而量化,影响评价工作效率。评价指标体系应是"适用的"和"有效的"。

4. 定性分析与定量分析相结合

一方面,通过可方便获取、可核实验证的量化指标的评估,准确、客观地反映电子政务项目的目标实现程度、投入与产出关系、系统应用效果,以期确保整个评估体系的科学性、研究性、客观性和可操作性。另一方面,还应充分考虑电子政务项目"公益性"和社会经济效益难于量化的特性,针对诸如建设过程管理与创新、效益与效能、作用与影响和可持续发展能力等非量化的特定评价要素,通过行业专家的经验、学识充分论证,并在指标体系分值中体现出来。

### 7.3.2 电子政务项目评价指标体系设计思路

1. 先行顶层设计,逐步分级展开

"顶层设计"是指电子政务项目后评价指标体系的第一级评价指标项。

一级指标项的表述应提纲挈领、精炼明确、易于细化。分级展开是指在一级指标项的基础上,根据每个一级指标项的内涵,充分考虑被评价电子政务项目的特点和涉及层面,自上而下逐级分解指标项目,构建下一级指标集,形成对上一级指标的有力支撑,确保整个指标体系的层次分明、架构合理、科学完备。考虑指标体系在评价实际运用中的可操作性,体系结构一般不宜超过三级。

### 2. 合理设置权重,便于评价量化

根据评价委托方的评价要求、电子政务项目的基本特性以及被评价项目的业务、经济、技术、管理特点,自下而上逐级对每个指标项分别赋予不同的评价权重,在最低一级指标项下设置评价分值和等级,便于专家通过综合评分法进行评价打分,通过各项指标的逐级加权,形成工程项目总体综合得分。

### 3. 统一评价等级,明确评价标准

统一评价等级是指遵循定性与定量相结合的评级基本原则,针对每个评价指标设计统一设置评价等级,如优秀、良好、一般、较差等,并说明具体的含义。明确评价标准是指针对每个评价指标都要具体、明确地描述出每一项考核内容及标准。考核标准要重点考虑目标实现的程度和变化因素,尽量做到可量化且无歧义。

## 7.4 电子政务项目服务外包管理

由于受到政府人员的编制、信息技术更新速度快等各种因素的限制,政府各部门信息管理中心很难凭借自身力量进行电子政务项目的开发工作。电子政务作为一项复杂、系统的工程,项目前期投入高、专业性强、技

术更新快;同时具有项目涵盖领域广、时空跨度大、工作量大、服务功能变化多、运行稳定性要求强等特点。政府部门仅仅依靠所属信息管理部门的力量,很难完成电子政务系统开发、建设和维护,同时,政府机构及组织往往要负担许多过时的设备,信息化所需的人力编制无法适应环境变化而作弹性的调整,加上信息化设备升级、维护等技术问题,造成管理困难、绩效低下,公共管理和公共服务能力无法提升的问题。电子政务外包或可以省去许多尝试,从而减少失败和错误所耗费的人力、时间和成本,使政府组织能更专注于自身核心业务——政务,加强政府的社会公共管理和社会公共服务职能方面的建设。因此,引入外包机制发展电子政务成为当前我国电子政务发展的必然要求。电子政务的外包就是在这样的背景下产生并不断发展起来的。

### 7.4.1　电子政务项目外包后的执行监控内容

电子政务外包是一项规模庞大、长期的、不断深入的工作,其建设过程和日常维护专业性强,内容繁杂,头绪极多,而且由于其与政府管理部门的业务工作联系紧密,外包后的执行监控必不可少。电子政务外包后的执行监控具体包括如运维状态的监控、信息化资产管理、信息安全管理、外包人员管理、重大问题质询制度的建立与执行、知识产权保护、按流程进行需求变更和技术方案调整等。通过这些具体的工作,一方面为外包项目的目标实现做好辅助工作,另一方面也为项目的沟通和应急处理提供保证。

外包后运维状态的监控是指项目委托单位必须全面掌握应用系统实际运行状况,定期对项目系统运行状况进行风险评估,并分析系统应用效果、效益和成本情况,会同外包服务商制定切实可行的应急预案并组织演练。外包服务商在运营和维护系统平台阶段应该做好定期的巡查、检查工作,并制定安全事件预警机制和应急预案,对硬件设备及时更新、检修,对软件系统及时检测、升级,对数据库进行定期清理和备份,做好相关报告和总结。外包服务商应配合项目建设单位提供相关资料和制定方案。

信息安全管理是指项目委托单位应对关键业务、核心数据和敏感信息进行评估、审慎管理,纳入总体安全策略之中。按照信息安全责任追究等有关规定,项目建设单位和外包服务商层层落实信息安全责任制,做好系统日常安全保障和应急响应工作,发生重大信息安全事件时,按照有关制度要求要快速上报,妥善处置。

外包人员管理是指项目委托单位要对外包服务商人员进行必要的安全保密培训和考核,对主要技术人员要按合同进行核对和备案。在项目实施过程中如上述参与人员发生变更以及承包商主管领导和直接负责人调岗,均须提前征求项目建设单位意见等。

### 7.4.2 我国电子政务外包模式

#### 1. 一般模式

电子政务外包的一般模式是指引入市场机制,由专业企业、研究院所等非政府机构根据政府的授权或委托承担电子政务的建设和运营任务,通过合理的方式参与电子政务项目的筹资、建设、运营和管理等。这种模式的典型特征是电子政务项目的外包承担者完全是独立于政府之外的、具有市场竞争力的非政府组织。这种模式是国内外目前最为普遍实行的一种外包模式。在实践中,我国的电子政务建设已由初期的自建自管模式逐步向外包方式转变,以获取更专业化、更高效能的产品和服务。

#### 2. BOT(Build-Operate-Transfer)模式

这是一种"建设—经营—转让"模式,它是由项目构成的有关单位,包括承建商、经营商以及用户组成一个股份组织,对工程项目的设计、咨询、供货和施工实行一揽子承包;项目完成后,在特许权规定期限内经营,向用户收取费用,以回收投资、偿还债务、赚取利润,特许权期满后,无偿将项目交给政府接管。

BOT 模式的优点就是它不仅使政府在没有一点损耗的情况下能够免费拥有一套有效的信息系统,而且还能够让承包的企业在其承包的期限内获得有形或者无形的收益。青海省劳动和社会保障厅的青海劳动保障信息网项目就采用了这种模式。

但它在某种程度上也存在着弊端,例如,政府在一定时期内把权力全部交给了承包商,而且还给予了一定的期限,这会迫使承包商在规定时间内尽可能去追逐利润的最大化,最终会导致一系列的矛盾产生,阻碍电子政务建设的发展和社会经济的发展。再如,电子政务建设是一种特殊的系统工程,如果其软件不是采取模块化、可定制的开发方式,就不能满足政府职能和机构变化的需求,这将导致资源的浪费和两者之间的互相推诿,在这种情况下,外包就没有达到很好的效果。

### 3. BOO(Building-Owning-Operation)模式

这种"建设—拥有—运营"模式实际是由 BOT 模式演变而来,它是由企业投资并承担工程的设计、建设、运行、维护、培训等工作,而硬件设备及软件系统的产权归属企业;由政府部门负责宏观协调、创建环境、提出要求,政府部门每年只需向企业支付系统使用费即可拥有硬件设备和软件系统的使用权。首都公共平台网的建设就是采用这种模式。

BOT 模式与 BOO 模式的区别就在于:在 BOT 项目中,项目公司在特许期结束后必须将项目设施交还给政府;而在 BOO 项目中,项目公司有权不受任何时间限制地拥有并经营项目设施。运用 BOT 模式,项目发起者可拥有一段确定的时间以获得实际的收入来弥补其投资,之后,项目交还给政府。而 BOO 模式中,项目的所有权不再交还给政府了。

　　我国的电子政务外包模式还包括云南模式和海淀模式。不管我们选择哪种外包模式,都属于信息化、市场化背景下电子政务的发展战略范畴。通过外包重新配置社会和政府的技术、资金、人才等资源,可减轻传统上自建自管所存在的技术压力、扩编压力、责任压力和财政压力,将政府资源集中到最能体现提升公共服务和社会管理能力的工作方向上来。

# 第 8 章

# 典型电子政务应用系统

## 8.1 政府网站

早期的政府门户网站只有一个功能,就是信息发布。随着电子政务建设的不断推进,政府门户网站已经从单纯的"网站"延伸到了"门户系统"的概念。一个完整的建设、发展的核心是建立一个统一、可发展的整体架构。这一架构是信息的集散地、在线服务的集散地以及公众参与渠道的"港口"。

### 8.1.1 功能需求

政府门户网站主要有三大功能需求:信息公开、在线办事、公众参与。这三大需求延伸的意义就是,让公众更好地了解政府、更便捷地办理各类事务、更充分地与政府沟通。

这三大功能的实现不是政务信息、业务应用和互动交流在网站上简单的罗列,而是通过对原始政务信息资源和服务资源进行采集整合后,以科学的方式向社会公众发布。具体功能框架如图8-1。

1. 信息公开

信息公开是我国政府网站最核心、最基础的功能。信息公开是从信息的定义、采集到信息归类和发布的一系列前后相续的解决方案。信息公开的范围和程序要完全遵循国务院颁发的《中华人民共和国政府信息公开条例》(以下简称《政府信息公开条例》)。信息公开涉及到信息资源的采集、审核、整理、发布等流程,具体框架如图8-2。

(1)信息采集

建立完善的信息采集体系。在内容上,行政信息由职能业务部门进行

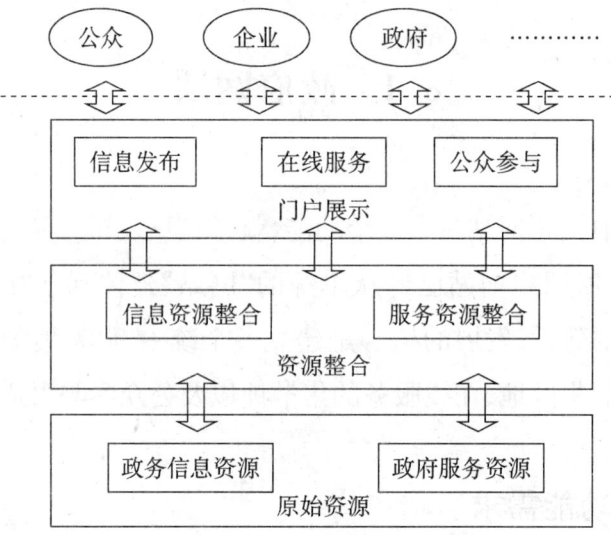

图 8-1 政府门户网站功能

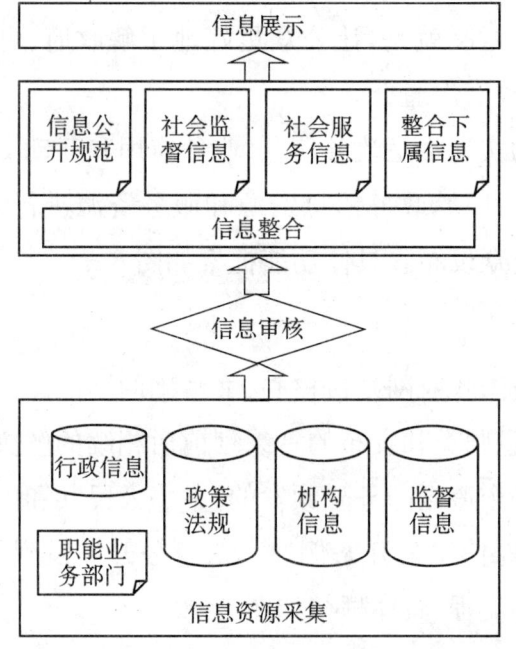

图 8-2 信息公开流程框架

采编,为每个职能部门开放一个信息采集入口,各部门将本部门行政业务过程中符合《政府信息公开条例》规定的信息上传到行政信息库,经统一审核和整合后在门户网站上相应的信息栏目中发布。其他信息由专门的信息资源管理部门统一采集,经审核和整合后发布。

数据信息格式上,用 XML 作为数据交换标准,对不同来源的数据信息按统一的标准进行描述。

(2)信息审核

为保证所公布信息的合法性、权威性,维护政府权威机构的形象,所有公开的信息应符合《政府信息公开条例》和《中华人民共和国保密法》及其他相关法律法规的规定,因此,要有完善的机制对公开的信息进行严格审核。

为更好地保障网站信息安全,必须有高效率的关键字过滤模块进行统一审核与管理,以提高信息安全审核工作人员的工作效率。主要要求如下:

① 建立统一的通用关键字过滤模块,可适用大部分子系统;并提供接口实现与其他业务系统的对接。

② 通过简单的配置管理,即可以实现一个新的业务模块的信息安全过滤、审核功能;各业务系统不需要单独开发关键字过滤模块,各子系统只要遵守一定的数据规范即可。

③ 建立统一的非法、可疑、反动、涉密等不同等级的信息关键词库;关键字库可以动态调整,每个关键词可设置有效时间。

④ 通过对比信息安全关键词库,自动过滤出可能涉密、违规的信息。

⑤ 屏蔽违规信息在前台的显示。

⑥ 信息审核人员可通过信息安全系统管理后台审核网站中所屏蔽的信息,并进行删除、通过、忽略等操作处理,关键字标红。

⑦ 审核发现可疑信息时，可把相关内容调出再审，同时可以暂时封锁该信息采集入口。

(3) 信息整合

对不同信息采集入口得到的信息，经审核后，需进行分类整合，按多种方式进行归类，建立信息公开目录，保证信息公开规范有序。用户可通过多种索引途径对所需信息进行查找，还可以根据需要定制所需信息。

2. 在线办事

在线办事旨在通过在线服务方便民众和企业，节省办事成本，提高办事效率。一个政府网站在线服务功能的强弱在很大程度上体现了该政府信息化建设的水平和网站建设的水平。

在线办事模块的要求为：框架设计先进合理、服务内容丰富、办理操作人性化。

(1) 框架设计先进合理

一方面服务主题的设计要对服务资源进行整合，以用户为中心组织后台服务系统；另一方面要有较强的扩展性，以便未来新的在线服务项目可以方便地添加。

(2) 服务内容丰富

不仅要有业务咨询、信息查询、表格下载等简单服务，还要有网上受理、网上申报、状态查询等深度服务，具体服务内容和服务方式可在网站管理端由职能业务部门定制。

(3) 办理操作人性化

人性化首先体现在操作流程简单易行，用户使用没有技术障碍；其次操作提示清晰实用，为用户提供场景式指导；再次要围绕用户的办事流程整合信息资源和实体业务资源，真正做到以用户为中心。

为实现这三个要求，要对分布在不同部门的服务资源进行多维深度整合,包括按服务场景整合、按服务主题整合、按办事部门整合。具体框架如图 8-3 至图 8-5 所示。

3. 公众参与

与社会公众进行广泛的互动交流是政府门户网站的重要任务,也是此次项目建设的重点之一。

与公众的互动应包括文字性互动和多媒体互动。互动栏目设置要合理,交流渠道要丰富。

(1)文字性互动

文字性互动栏目应包括:

①信箱类互动。如领导信箱、网上意见箱等。

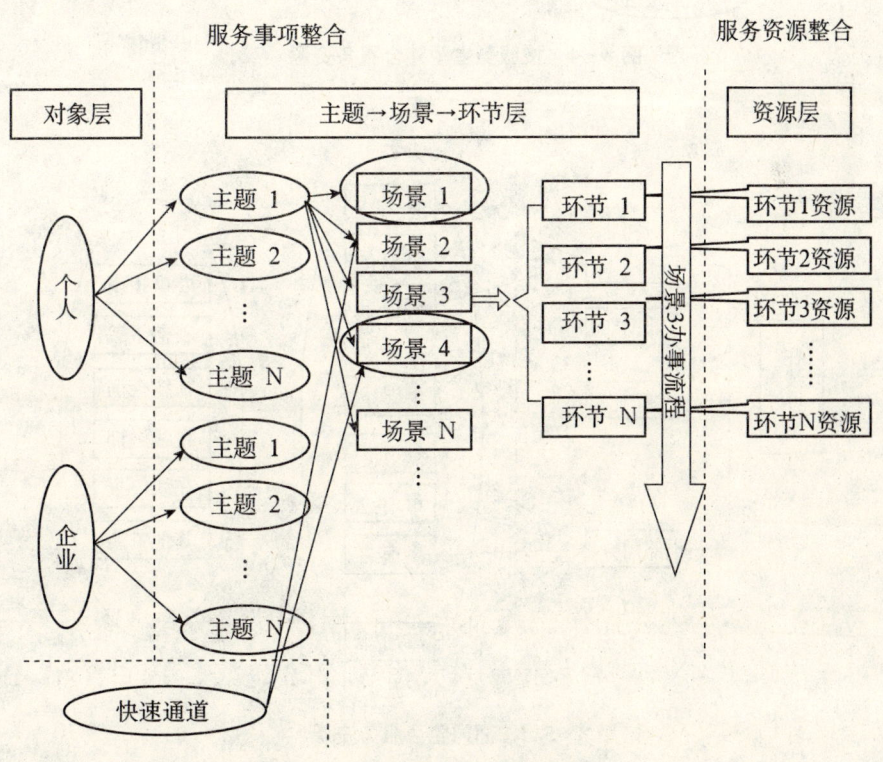

图 8-3 按场景流程整合服务资源

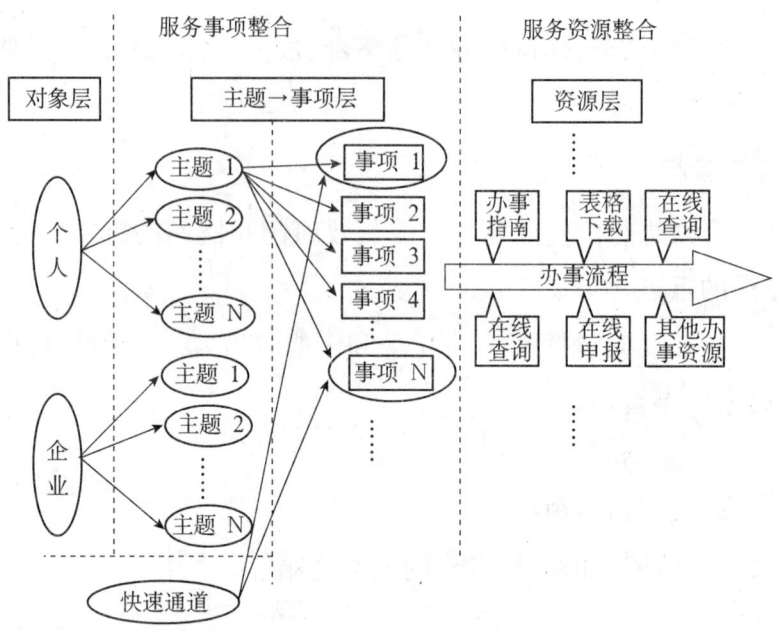

图 8-4 按服务主题整合服务资源

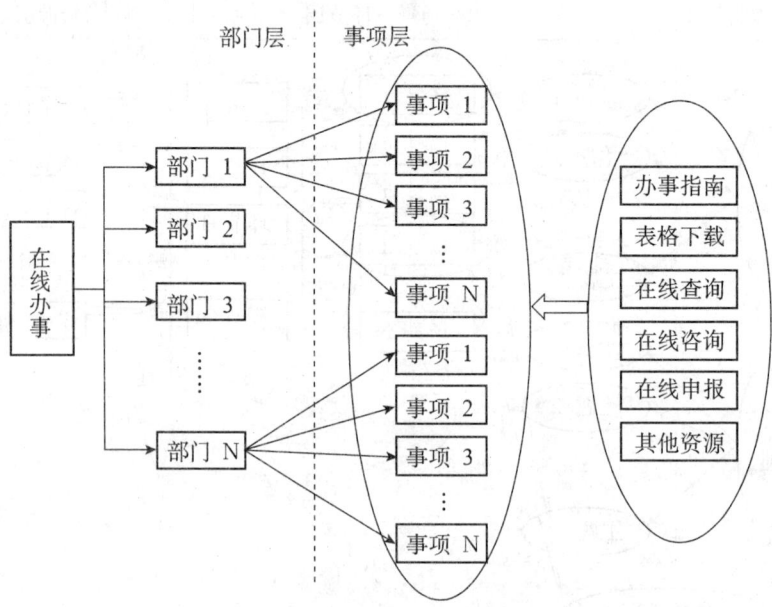

图 8-5 按部门整合服务资源

②调查类互动。如在线调查、在线评议等。

③留言论坛类互动。如公共留言板、公共论坛等。

对公众参与的信息要有监督机制,确保公众意见、留言、投诉能得到及时反馈,调查评议类互动的结果要有统计分析,并及时公开。互动栏目的使用操作要简单易用,具体互动栏目和方式应可以由管理人员根据需要在管理端任意配置,具有较高的灵活性和扩展性。

(2)多媒体互动

多媒体互动包括:

①在线访谈。可通过视频或音频方式对访谈进行在线直播,以往访谈信息可以随时查看。

②领导访谈。通过领导访谈,对工作、政策进行传播,增强企业和公众对工作的了解,获取更多的社会支持。

③工作展示。通过视频将与公众切身利益密切相关的政务活动展示给公众,让公众更好地了解工作的情况、实现深层次的政务公开。

多媒体互动信息应采用先进的流媒体技术进行展示,实现播放流畅、画面清晰、用户体验良好。

### 4. 管理平台

门户网站的管理平台与网站本身部署在同一台应用服务器,但是两者独立运行,逻辑分离。管理平台要实现信息的采集、编辑、审核和发布,信息采集入口工作效率的统计和分析,在线互动的配置、管理,日志管理与统计分析,系统的扩展和配置等功能。

管理平台的使用者是政府信息部门的专职信息管理人员和技术人员,以及各职能部门的信息采集人员。管理权限体系设置合理,采用"人员—角色—权限"的结构进行管理权限分配,信息采集人员和专职管理人员以及技术人员各自对应不同的角色,拥有不同的权限,做到职责明确。

(1) 信息的采、编、审、整、发

信息的采集、编辑、审核、整理和发布应实现流程化,设置多个信息采集入口,信息部门管理人员、职能部门信息采集人员各自负责不同类型信息的采集和编辑。系统应能对每个信息采集入口的工作效率进行统计分析,相关结果可作为评估各信息采集岗位人员工作绩效的依据,确保网站内容更新及时。

(2) 在线互动管理

在线互动应可以根据需要进行定制,管理过程实现流程化。需要进行网上调查、公众访谈的部门可通过平台提交申请,经审核后,发布相应的互动功能,见图 8-6。平台应能对互动交流获得的民众意见进行自动统计分析,并可根据需要配置统计方式和分析目标。

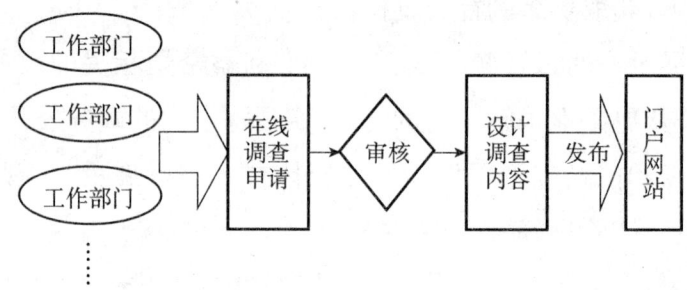

图 8-6 在线互动定制流程

(3) 日志管理与统计

日志管理模块对网站的访问情况及各栏目、子网站的使用情况进行记录,并对记录信息进行统计分析,记录和统计分析的内容包括栏目的更新速度和质量、用户访问数、用户关心的内容等。分析结果将作为网站管理和考核的依据。

## 8.1.2 系统设计

1. 技术设计

网站的设计应以用户为中心,信息资源、在线服务和用户反馈等内容要以方便用户使用为准则进行设计。为方便不同类型和不同目的的用户获得所需信息和服务,信息资源和服务资源应进行深度整合、多维分类,方便获取,提升用户体验。

(1) 资源整合

① 信息集成

从信息资源的定义、采集、分类到发布要有完整的解决方案,为门户网站上集成的各种应用提供数据接口、接口规范,方便扩展。

② 应用集成

应用集成是指在门户网站上集成多种服务,将原来分散在不同部门的服务资源整合起来,统一纳入到门户上,为用户提供无缝服务。应用集成还要求系统要有良好的扩充性,为以后应用的扩展留下接口。

(2) 资源组织

① 按用户类型

将用户按"居民"、"企业和机构"、"政府机构"进行分类,并根据不同的用户类型来组织信息资源和服务资源,不同类型的用户进入网站后,可以根据自己的类型快捷地获得所需信息和服务。

② 按资源属性

将信息资源和服务资源按其自身属性特点进行归类,并建立相应的索引,方便用户根据所需信息和服务的特点方便地获取。

③按服务场景

根据不同的服务场景,将信息资源进行整合。如,对需要在线办理业务的用户,可以根据场景设计服务,根据服务场景将相关法律法规、信息、表格等信息组织起来,方便用户利用,改善用户体验。

2. 系统架构

政府门户网站最常用的是三层架构,如图8-7所示。自底向上依次是数据层、业务逻辑层和展示层。这种架构有一个显著优点,就是业务逻辑层或者展示层的单独变化,对底层数据不产生直接影响,具有较大的扩展空间和较高的可维护性。很多基于Web的应用系统都是采用的这种三层结构,只是在每一层,特别是业务逻辑层的内涵上不同。

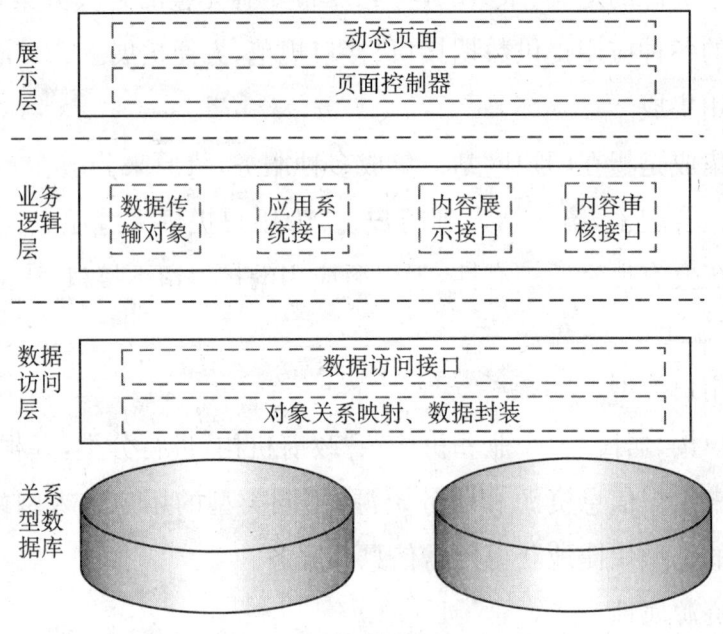

图8-7 门户网站架构

(1)数据访问层

当前主流的数据库都是关系型数据库,而主流的门户网站开发语言都是面向对象的。如果直接对数据库进行操作，就需要在程序中嵌入大量的数据操作脚本，对系统维护、扩展极其不利。数据访问层的主要功能是，通过对象关系映射，将关系型数据库封装成可以直接操作的数据对象，程序对数据对象操作就相当于对数据库进行操作。这样做一方面提升了系统的可维护性和可扩展性，另一方面对数据的一致性也有很强的保护。同时，数据访问层对上层提供数据访问接口，业务逻辑层就不需要再关心数据访问的细节。层与层之间形成了一种松耦合的关联，可以相互独立变化。

(2) 业务逻辑层

政府门户网站的业务逻辑层比较简单，主要有四个方面的内容：

① 数据传输对象的封装。数据访问层提供的数据对象，根据展示的需要重新封装，便于展示层调用。如果展示层对数据没有封装要求，这一模块甚至可以不存在。但是为了提高数据访问层的独立性，一般都选择对数据进行再次封装。

② 应用系统接口。前文提到，政府门户网站是在线办理业务的港口。政府对公众和企业提供的在线办理业务均应该可以通过政府门户网站进入。应用系统接口有很多形式，最简单的就是链接，用户点击相应栏目，进入应用系统。稍复杂的有 Web Service 或者专门开发的接口。

③ 内容展示接口。内容展示接口负责将门户网站要展示的信息、应用、互动进行整合，暴露给展示层。这样可以提高内容安全性，增强业务逻辑层的独立性。

④ 内容审核接口。门户网站内容的审核有两种方式，一种是在门户网站管理端执行审核，另一种是通过专门的内容审核系统进行审核。如果是专门内容审核系统进行审核，则需要内容审核接口。

(3) 展示层

门户网站的展示层包括动态页面和页面控制器。动态页面的意思是页面展示的内容是根据数据、信息的情况动态变化,不是通过页面脚本固定在页面的。比如:人事招考网站上有一个职位考试报名情况的表格,如果是静态页面,那么报名人数的具体数字就需要开发或维护人员根据数字的具体变化情况,对页面进行编辑,更新数字。而动态页面则可以直接输出数据对象,当数据库里报考人数发生变化,系统一层一层地调用数据,最后输出至页面的数据对象所显示的数字就会根据数据库的情况实时变化。所以,动态页面的意义不是指页面是动的,而是指页面所展示的内容是实时动态变化的。JSP、ASP、PHP等都是常用的动态页面开发技术。

页面控制器是对页面的输入、输出进行控制的程序,用户在页面上输入内容到网站后台应该提交到哪个业务逻辑对象进行处理、应该做出什么反馈,都是控制器执行的。

3. 关键技术选型

系统应采用多层结构的B/S模式为架构,全面引入Ajax为核心的Web 2.0技术。Web 2.0强调用户交互,以用户为中心,将用户作为网络内容的建设者。为进一步改善用户感知,挖掘用户互动需求,网站应采用Web 2.0的相关技术构建富客户端呈现层,方便用户操作,提高系统响应速度,丰富用户自主性功能,优化用户访问体验。呈现层技术的升级要应用到网站的各个产品元素中,所有页面按Web 2.0的规范设计开发。具体指标如下:

(1)实现呈现层与业务层分离,方便未来页面修改工作;

(2)页面的DIV+CSS重构,提高页面的标准化程度,改善页面载入速度;

(3)引入Ajax技术,提高平台分享、交互能力,改善用户在交互过程中的用户感知。

### 8.1.3 实施

1. 门户网站服务器部署环境选型

(1) 服务器操作系统

网站服务的操作系统可选用 Microsoft 的 Windows Server 系列操作系统，也可选用 Linux 操作系统。

Windows Server 系列操作系统在用户界面上与个人计算机常用的 Windows 操作系统基本一致。Windows Server 系列的优点是具有图形化的操作界面，易于理解，便于操作和管理，非专业的人员经过简单的学习也可以很快了解服务器的管理。但是一般认为 Windows 操作系统的稳定性和安全性不如 Linux 操作系统可靠。现在最新版本的 Windows Server 是 2012 版，是 Microsoft 于 2012 年 7 月最新发布的。

Linux 操作系统具有很多版本，市面上常见的有 Red Hat（红帽）、Mindriva、CentOS 等，国产操作系统红旗、麒麟等也是以 Linux 内核为基础进行开发的。以前 Linux 对普通用户最大的障碍就是它的操作系统不是图形化的，而是通过命令代码的形式进行操作和管理。对于非专业的用户来说，掌握 Linux 命令并灵活运用是一项非常困难的工作。但是现在很多 Linux 操作系统也提供了图形化的操作界面，用户体验得到了极大改善。Linux 操作系统的优势在于运行稳定、安全性高，同时 Linux 的费用非常低，甚至有免费的开源版本可供选择。

(2) 常用应用服务容器

根据门户网站开发所采用的技术平台的不同，最常用的门户网站容器有两个：Tomcat 和 IIS。Tomcat 主要用于部署采用 j2EE 技术平台开发的网站，IIS 主要用于部署采用 .NET 技术平台开发的网站。第四章已经对这两种容器做了详细介绍。

2. 门户网站实施模式

我国政府门户网站当前采用的主要部署模式是分散开发、分散部署的方式。即每个政府部门都独立实施本部门的门户网站。以地市为例，教育、财政、工商、公安等，各个部门可能都有本部门的门户网站，汇聚本部门所有的信息公开内容、在线服务内容和公众参与渠道。在市政府的地方门户网站上，再将所有部门的内容进行汇聚、分流。这种模式下，各部门的网站是相互独立的，从建设实施到运维管理均自成体系。

随着政府信息化建设走向深入，集约化建设模式逐渐引起了专家和政府信息化主管部门的注意。集约化建设模式提倡统一规划、统一建设、统一管理。在这种模式下，政府门户网站是一个网站群的概念。地方政府建设地方政府门户网站，各政府部门的网站均以子站的形式存在。所有网站集中建设、部署和管理。这种模式可以有效地节约实施成本，提高实施质量。在分散模式下，各部门都需要投资建设网络、服务器、安全保障基础设施，配置相应的人员负责网站的管理。集约化模式下，网站群统一建设、统一部署，采用同一套基础设施即可，相应运维管理人员的数量也大幅减少。

## 8.2 行政审批系统

行政审批系统是发展相对较早也较快的一个电子政务应用系统。行政审批系统是为了解决原来传统的行政审批流程复杂、效率低下、信息封闭等问题而出现的。所以，行政审批系统的目标可以归纳为以下三点：

1. 规范审批流程

行政审批系统不是简单地将原有行政审批过程进行电子化、信息化，而是在对原有行政审批流程进行梳理、规范、精化之后再进行电子化。

2. 提高审批效率

以往政府行政审批效率低下一直饱受公众和企业诟病,行政审批系统的应用可以有效地缓解这一矛盾。

3. 公开透明

在流程规范的基础上,将审批进程及时反馈给公众,让公众随时了解业务办理的进度和存在的问题。

一个完善的行政审批系统至少应该为申办行政审批业务的用户提供三种便利:首先是实现一站式服务,即申办业务的公众和企业只需到一个地点或一个在线站点办理业务。其次是一单式信息填报,即申办业务的公众和企业只需填报一套表格即可,不需要向不同的部门填报不同样式的表格。最后是一次性信息审核,即申办业务的公众和企业所填报的信息是否齐全或格式是否正确应该一次性全部审核,不需要多次反复审核。

## 8.2.1 功能需求

由于行政审批的服务对象是企业和社会公众,业务的具体办理是政府各部门,所以行政审批系统一般包括两个部分:面向公众和企业的网上审批服务、面向政府行政审批执行部门的审批业务流转,再加上技术人员对系统进行维护管理的系统管理功能,整个行政审批系统可分为三个功能模块,如图 8-8 所示。

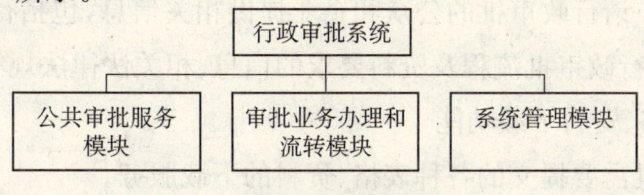

图 8-8 行政审批系统功能模块

1. 在线审批服务和审批业务办理及流转

在线审批服务的业务模型如图 8-9 所示。面向公众和企业的在线审批服务模块包括五个主要功能：

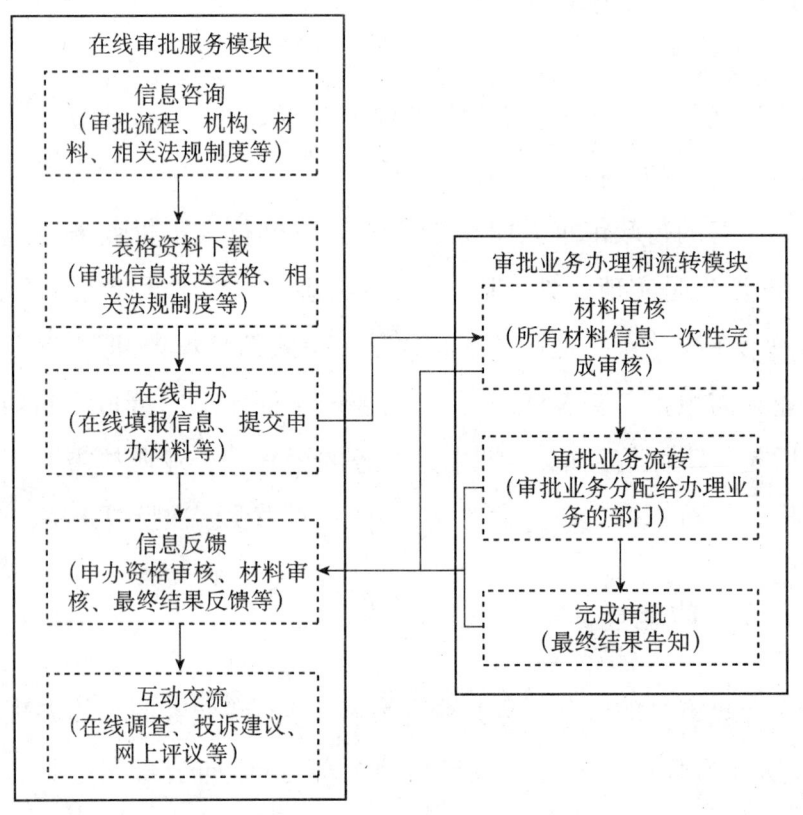

图 8-9 在线审批和业务流转模式

（1）信息展示和咨询服务功能

向需要申请行政审批的公众和企业提供相关信息，包括行政审批办事机构的信息、行政审批流程及资料要求的信息、相关法律法规等。

（2）表格、资料下载功能

行政审批需要提交的各种表格、资料的下载服务。

(3) 在线申办功能

申请行政审批的公众和企业在线提交各种材料、表格。

(4) 信息反馈功能

审批材料完整性、正确性,审批进度查询,审批结果公示。

(5) 互动交流功能

在线调查、投诉建议、网上评议功能。

面向政府的审批业务办理与流转模块包括三个主要功能:

(1) 审核功能

对申办业务的用户进行资格审查,并对审核所提交的信息、材料的完整性、规范性进行审核。对每个用户的审核结果一次全部反馈,减少用户操作次数。

(2) 业务办理与流转功能

将通过信息审核的材料分配给办理审批业务的部门,并将申办事项转为"正在办理"状态。当一个部门审批完成后,自动流转至下一个审批部门。最后一个部门完成审批后,自动推送至审批结果公示。

(3) 最终结果公示、推送功能

将最终审批结果进行在线公示,公示期无异议的,予以办结。有异议的,则将信息反馈给办理审批业务的部门进行核实。

2. 系统管理

系统管理模块不涉及具体的行政审批业务,是系统的后台管理模块,由计算机管理人员操作。负责处理系统的数据维护、用户管理、部门管理、权限管理、安全设置、日志管理等功能。

## 8.2.2 设计

行政审批系统就其业务流程而言大致可分为单体审批、串行审批和并行审批三种模式。单体审批是指整个审批流程由一个部门完成,虽然在部门内可能存在预审、复核等多个步骤,但是对公众和企业而言,只存在一个审批环境。串行审批是指审批流程存在多个审批部门、多个审批步骤,每一个审批步骤以上一步的审批结果为输入,本阶段的审批结果又是下一步审批的输入。并行审批是指某些行政审批事项可能存在多个审批部门,而这些部门的审批不存在先后依存关系。

不管是哪种模式的业务流程,行政审批系统软件的技术设计都不存在特殊的困难,其设计重点有两个方面:一是保证系统的可扩展性,二是与监督体系的互动。

## 1. 可扩展性

提到软件系统的可扩展性,很多人都认为是一个缺少实用价值的概念。但是对于行政审批系统而言,可扩展性是一个非常重要的能力。我们都知道,行政审批是当前我国政府改革的一个重要领域。行政审批系统应该具备快速响应和适应行政审批制度和流程改革的能力,不能一改变审批制度或流程,系统就要重新开发。

本书第四章已经介绍过多种可以提高软件系统扩展性的应用系统设计架构和方法。对于行政审批系统来说,保持可扩展性,最好的途径就是采用SOA架构,通过多层的软件体系结构,使软件达到一种松耦合、高内聚的状态。具体的实现方式可见第四章相关内容。

## 2. 与监督体系的互动

为了提高行政审批效率,行政审批系统往往与电子监察系统相关联。每一个审批执行部门的审批情况都被监察部门掌握,当存在效率不足问题时,可通过监察系统进行通报、批评和处理。

行政审批系统与监察系统的互动有两种模式。一是二者合一,即将行政审批系统与电子监察系统合二为一,作为一个系统进行设计,被称为行政审批电子监察系统。二是两者分开,但是通过一定的机制实现实时的信息交换,让监察系统实时掌握各部门执行审批的情况。

### 8.2.3 实施

1. 系统部署环境选型

跨部门的行政审批系统涉及到的部门多、数据量大,业务流程也比较多,强调协同办公,往往对服务器的存储和处理能力有较高要求。在实际应用中,常采用服务器集群进行部署,可以同时支持数据备份、工作流引擎。

由于行政审批系统的业务大多需要跨部门办理,所以其部署比较适合采用大型企业级应用服务器。WebLogic、JBoss 以及国产商用中间件都是比较好的选择。为了保证申报材料和办理结果的跨部门安全传输,一般采用消息中间件进行加密传输,以确保信息交换的可靠性和保密性。

2. 实施模式

行政审批系统是典型的跨部门电子政务应用系统,很多行政审批事务都涉及多个部门,所以行政审批系统的实施需要政府牵头,统一规划、集中建设。在具体实施中,首先要对审批流程进行梳理和固化,形成规范的审批流程和制度;然后在规范化的流程的基础上,设计工作流转、信息共享和交换组件。

行政审批系统对公众和企业一般采用 B/S 模式提供服务,对政府部门以 B/S 模式为主,也可采用 C/S 模式。对公众和企业采用 B/S 模式可以让申办者随时随地通过可联网的计算机办理申办,对政府部门采用 C/S 模式可充分利用客户端计算能力,同时有利于在客户端部署更完善的功能。

## 8.3 办公自动化系统

办公自动化(Office Automation,简称 OA)是将信息技术运用于办公的一种新型的办公方式。对于什么是办公自动化没有统一的定义,从广义上来说,几乎所有的电子政务应用系统都可以纳入办公自动化的定义,但是这样的定义显然过于宽泛。政府办公自动化系统的核心业务是公文管理和信息传递,所以我们将政府办公自动化系统定义为:以公文管理为核心,面向政府机关办公事务的信息化应用系统。

### 8.3.1 功能需求

政府办公自动化系统的总体目标是:以《国家信息化发展战略 2006—2020》和中央关于信息化建设的系列文件为指导方针,依托信息化基础设施资源,采用先进的信息、网络通信技术,以电子政务应用为主导,构建功能完善、标准统一、纵联全行、安全可靠、运行稳定的自动化办公平台,提高政府办公效率。系统的具体功能需求如图 8-10 所示。

具体的功能需求包括:

1. 个人办公模块

个人办公主要用于个人事务的处理,包括电子日历、电子邮件、活动安排、待办文件、待办事宜、个人资料、个人通讯录等应用。

(1)电子邮件。用于收发电子邮件,很重要一点就是处理自己邮件库中的待办文件。

(2)工作日历。计算机内置的电子台历可使人轻松地安排各项事务

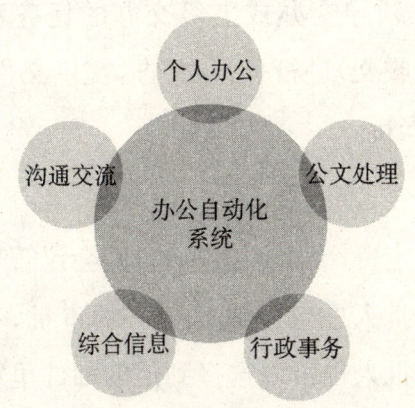

图 8-10 办公自动化系统功能需求

活动。

(3) 待办文件。集中处理来自各工作流应用模块中的批办件，如公文处理中的收、发文件等。

(4) 待办事宜。可以根据用户设置的事件计划表来提醒用户将准备办理哪些事情。

(5) 个人资料。录入个人信息，具有编辑、存储、管理功能。

**2. 公文处理模块**

公文处理提供了收文登记、办理、查询和归档，发文起草、办理、登记和归档等功能，并具有透明的文件运转流的特征，文件办理者可以及时、清楚地了解文件当前运转状态，真正实现了流程跟踪、监控"智能化"的功能。

(1) 收文处理。对网上各单位发送来的办文按类别、单位、密级等进行分类登记，如果是"办文"，则需由文秘部门送交分管领导进行文件批示处理，"阅件"则需呈领导阅。

(2) 发文处理。可以起草公文和办理公文(如核稿、审稿、会签、签发等)。提供手工办文与电子办公的结合，还提供各种办理意见代填和流程切换的功能。

(3)督办管理。对领导交办或上级交办的任务和有办理期限的文件（通常来自收文系统中收文）进行登记、督办，提供文件办理进程的跟踪，提醒经办人注意时间的安排。

3. 行政事务模块

包括车辆管理、固定资产管理、接待管理、会议管理、人事管理等。

(1)业务审批。审批人在这里进行统一的审批，不必再到各个数据库里进行审批。当然，审批人也可以选择到他的邮件里审批。

(2)车辆管理。由行政处对各部门使用车辆进行网上管理，包括车辆安排、车辆动态显示、派车单、车辆档案、车辆驾驶员、油耗、车辆维修保养等相关内容管理。

(3)固定资产管理。由行政处对全局固定资产进行申请购买、登记、报废等管理。

(4)后勤管理。由行政处对本局的清洁卫生资料、水电使用情况等管理。

(5)接待管理。由办公室、行政处对本局来访人员的接待进行安排管理。

(6)呈批管理。对请假、资料搜集、会议室使用和计算机耗费品领用进行管理。

(7)会议管理。以一个月一次的局务会议为主，进行会议的组织、会议室安排、人员通知与确认、议题准备与讨论、会议纪要等管理。

(8)工作计划。配合会议管理，提供工作计划的登记、审批和归档查询。

(9)人事档案管理。对人事档案进行登记、编辑、删除及进行调动、任免操作。

4. 综合信息模块

为内部办公门户提供机构动态信息、部门信息、公告栏等一些信息内容。

（1）最新信息。集合了机构最新的内部动态，它还可以完成信息的统计和归档，便于浏览和管理。

（2）部门信息。用于登记一些部门内的信息，在 OA 系统中发布。

（3）公告栏。用于发布各种会议公告、通知、消息等，发布后的信息所有网络用户都可以查阅。

（4）网上讨论。网上用户就某一讨论主题、讨论热点发表意见和见解，进行思想交流。

（5）政策法规。用于登记一些与本单位相关的国家重要法律条文及本系统有关规定。

（6）处室资料。提供一些重要领导讲话、互联网资料及一些报纸、杂志、图书资料。

（7）通讯录。即公用通讯录，提供直属机构、分支机构、三级机构及一些其他重要单位的通讯信息，如地址、邮编、电话等。

5. 沟通交流

为办公用户提供邮件、及时通讯、事务讨论功能。

6. 系统管理

管理员在这里进行机构设置、人员配置、ACL 控制和主题词维护等操作。

### 8.3.2 设计

系统主要采用分层结构进行构造，"用户层/应用层/服务层"应用体系结构。

1. 用户层

用户层主要通过客户端软件为用户提供各种服务。目前流行的浏览器如 IE、Netscape Navigator/Communicator 等具有容易上手、操作简便、能访问网上多种应用的特点,是理想的客户端软件。利用统一的浏览器界面,用户可以进行办公和业务管理,并能利用系统提供查询检索功能,迅速得到所需要的信息。

2. 应用层

应用层主要进行各类业务处理和计算,并将结果以 HTML 的文本格式返回给 WWW 服务器,从而完成各种具体的应用。应用层的实体可以是一组商品化的软件产品,也可以是用户自行开发的应用软件。主要处理政府机构内部办公、协同办公、对外服务、信息收集与发布和公共管理等事务。

3. 服务层

服务层主要解决数据信息的存放、管理和共享。将来自不同部门的数据信息集中存放于数据库中进行整理和维护,可以方便用户操作使用,减轻用户的数据管理负担,并有助于提高安全性;对于原先各部门已有的不同种类的数据库,可以利用数据库厂商提供的专用网关或 ODBC,将异构数据库互连,从而实现透明交叉访问。

### 8.3.3 实施

1. 系统部署环境选型

办公自动化系统对数据可靠性和一致性有较高的要求,所以在实际应用中,常采用服务器集群模式进行部署。不同的办公业务部署于不同的服务器上，比如邮件、文件、工作流等均采用单独的服务器进行部署，通过集群形成整个办公自动化系统。在集群中可以用不同的服务器相互进行备份，提高数据安全性。

办公自动化系统的部署有多种模式可以选择。最常见的部署模式是采用 B/S 模式，对用户的网络环境没有特殊限制。对于保密要求较高、只允许在机构内部访问的办公自动化系统，则可采用 C/S 模式进行部署。除此之外，随着移动网络应用的日趋流行，移动办公需求日渐增加，基于移动平台的办公自动化客户端也开始受到重视。要方便地在移动终端访问办公自动化系统，一般需要开发专门的移动应用终端，并且需要在服务器端建立专门针对移动终端的展示界面。

2. 实施模式

大型的政务办公自动化系统常采用边开发边应用的模式进行实施。在具体实施中，常采用的方法是，对处室办公自动化需求逐个调研，逐个实现，逐个部署，成熟一个业务就部署一个业务。这种实施方式有利于避免办公自动化一次性上线带来的冲击，可帮助公务员逐步接受自动化办公方式。